Gabriele Kuby

Ausbruch zur Liebe

Für junge Leute, die Zukunft wollen

fe

fe-medienverlag, kisslegg

Gabriele Kuby

Ausbruch zur Liebe

Für junge Leute, die Zukunft wollen

Hauptstr. 22, D-88353 Kisslegg
3. Auflage 2008
Umschlaggestaltung: Axel Feldmann
Druck: Pustet, Regensburg

ISBN: 978-3-939684-29-9

Inhaltsverzeichnis

Für meine Kinder und alle jungen Menschen,
die sich mit dem Leben verbünden wollen

Manchmal hört man, jemand wolle die Vorteile eines hohen kulturellen Niveaus genießen und gleichzeitig die Begrenzung der sexuellen Triebbefriedigung abschaffen. Das Wesen des menschlichen Organismus scheint jedoch so beschaffen zu sein, daß diese Wünsche unvereinbar sind, ja sogar widersprüchlich. Solch ein Reformer gleicht dem törichten Jungen, der den Kuchen essen und behalten will. Jede menschliche Gesellschaft hat die Freiheit, sich zu entscheiden, ob sie hohe Energie oder sexuelle Freizügigkeit will. Die Fakten zeigen, daß beides gleichzeitig nicht länger als eine Generation möglich ist.

J. D. Unwin, Sex and Cultur

Vorwort

Lieber . . . .

Liebe . . . .

Du bist jung. Ich würde dich gerne mit deinem Namen ansprechen. Vielleicht schreibst du ihn selbst über die erste Zeile: Lieber Stefan, liebe Theresa, lieber Markus, liebe Simone, lieber Christoph, liebe Julia, wie immer du heißen magst. Jung sein heißt: Du hast das Gefühl, daß noch ganz viel Zukunft vor dir liegt, Möglichkeiten über Möglichkeiten. Was nicht ist, kann noch werden, was ist, wird sich ändern. Du kannst dich ändern, die Welt kann sich ändern – und sie wird sich radikal ändern. In diesem Sinn bin auch ich jung, auch wenn ich mehr Leben hinter mir habe als vor mir. Nix Rente und Langeweile. Die Zukunft, die vor mir liegt, geht schwanger mit Möglichkeiten. So ist mein Lebensgefühl.

Bist du zuversichtlich, wenn du nach vorne schaust, erwartest du Gutes, wenn sich die Dunkelheit der Zukunft Schritt für Schritt lichten wird? Oder schaust du lieber gar nicht in diese Dunkelheit hinein? Hauptsache, das Leben macht jetzt Spaß?

Ich wurde geboren, als Hitler noch ein halbes Jahr die Welt verheeren konnte, bevor er sich durch Selbstmord aus der Verantwortung stahl. Es erscheint mir selbst ganz unglaubhaft. Aber ich kann mich noch erinnern an Ruinen in München und

an die Kuh, die mein Vater angeschafft hatte, um die Familie durch die „Zeit der schönen Not” zu bringen. Kann mich erinnern an das erste Auto, einen Volkswagen-Käfer, in den sich zwei Eltern und fünf Kinder klaglos quetschten; auch an den Fernseher, den bald alle hatten, bloß wir nicht. Bemerkenswert, daß meine Eltern meinten, Fernsehen tue Kindern nicht gut, obwohl damals zwei sich berührende, geschlossene Münder genügten, um alles, was danach kommt, anzudeuten.
Meinen Namen kennst du. Gabriele. Als ich jung war, fand ich den Namen langweilig. Jetzt verbindet er mich mit dem Engel, der den Menschen gute Nachrichten bringt. Die beste aller Nachrichten war, daß Maria einen Sohn empfangen würde, den sie Jesus nennen sollte. Dieser Jesus, der vor zweitausend Jahren drei Jahre lang über die Dörfer zog, die Menschen heilte und ihnen vom Reich Gottes erzählte, hat die Welt nachhaltig verändert, ganz ohne Telekommunikation und 50 Tausend-Watt-Verstärker. Jeder Kirchturm ist dafür ein Zeichen. Aber immer weniger Menschen wollen den Raum betreten, der durch Jesus geöffnet wurde. In der neuen Verfassung von Europa darf nicht mehr von Gott die Rede sein. Wie wird die Silhouette von Städten aussehen, wenn da nichts mehr in den Himmel ragt? Wie wird das Herz der Menschen aussehen, das sich nur nach Irdischem sehnt? Wie sieht eine Welt aus, die von Menschen gestaltet wird, die sich selbst alles und Gott nichts zutrauen?
Ich möchte mit dir über Sexualität und Liebe in der heutigen Welt sprechen. Wenn es einen Schöpfer gibt und wir Geschöpfe sind, dann ist die Sexualität der Angelpunkt zwischen Gott und dem Menschen. Beide wirken bei der Zeugung des Menschen zusammen. Die Sexualität ist auch der Angelpunkt zwischen Mensch und Gesellschaft. Wenn an dieser Stelle etwas schief-

geht, geht alles schief. Das Vergreisen der Bevölkerung mit unabsehbaren Folgen für mich und für dich wird diesen Zusammenhang schmerzhaft erfahrbar machen. In diesem Buch will ich zeigen, was schief geht und wie es wieder gerade werden kann – durch dich, wenn du willst.

Ich finde es wichtig, daß wir miteinander sprechen, Alte und Junge. In vielen Familien ist das Gespräch verstummt. Keiner will hören, was der andere zu sagen hat, keiner glaubt, daß es wichtig für einen selbst sein könnte. Beide könnten voneinander lernen und reich werden durch den unterschiedlichen Standpunkt, den die Generationen im Leben haben.

Die älteren Vorgänger haben Erfahrung, tragen Verantwortung, haben Fehler erkannt und vielleicht aus ihnen gelernt. Auf jeden Fall wollen sie, daß die Jungen nicht die gleichen Fehler machen wie sie. Wenn sie nicht starr werden, sondern weise, haben sie den Jungen etwas zu sagen. Die Jungen trauen sich zu, die Welt zu verändern, und sie werden sie verändern, so oder so. Sie sind die Zukunft im Leben der Alten, die Herausforderung zum Wandel. Niemand kennt die Fehler der Kinder besser als die Eltern, und niemand kennt die Fehler der Eltern besser als die Kinder. Wir brauchen einander. Damit wir einander brauchen können, müssen wir lernen zu lieben.

Zugegeben, ein Buch scheint eine Einbahnstraße zu sein. Ich spreche, du liest. Das gilt für jedes Werk, das einer schafft und ein anderer wahrnimmt, vielleicht in sich aufnimmt. Das ist keineswegs ein passiver Prozeß. Mir geht es darum, daß du wach dein eigenes Urteil bildest. Auch wenn ich deine Antwort nicht in Worten höre, so hoffe ich auf gemeinsames Handeln.

Du und ich leben heute. Was wir heute fühlen und denken und tun, hat Einfluß auf das, was wir und andere morgen fühlen und denken und tun. Es hat Einfluß darauf, was morgen sein wird. Nichts liegt näher, als sich selbst für unbedeutend, ja für ohnmächtig zu halten. Aber wenn wir die Geschichte anschauen, dann sind es immer einzelne Menschen, die ihrer Zeit eine neue Wendung gaben, sei es, daß sie etwas entdeckt oder erfunden, daß sie eine neue Philosophie formuliert, eine Revolution angezettelt oder Sterbende auf der Straße aufgesammelt haben. Nie taten sie es ganz aus eigener Kraft, sie stellten sich größeren Kräften zur Verfügung – guten oder bösen.

Im Großen der Geschichte ist das leicht zu erkennen, aber auch im Kleinen der eigenen Umgebung. Es sind immer Einzelne, die den Ton angeben, und viele, die dazu tanzen. Jeder ist erstmal ein Mitläufer, bis er aufwacht und sich fragt: Will ich da eigentlich mitlaufen? Kein Mitläufer zu sein, einer eigenen inneren Instanz zu folgen, kostet etwas, das die meisten Menschen zu teuer finden: das Risiko, an den Rand der Gruppe gedrängt oder sogar ausgeschlossen zu werden. Kaum etwas ist so bedrohlich. Meist erweist sich die Bedrohung als Popanz, als ein Schreckgespenst, das die Illusion erweckt, die gewohnte Gruppe sei die Welt. Wenn man den Mut hat, es als Gespenst zu entlarven, verliert es seinen Schrecken, und die Welt wird weiter.

Diesen Mut brauchst du, um das Buch zu lesen, das du in Händen hältst. Viele Menschen hören auf, hinzusehen und zu denken, wenn das, was sie erkennen, zur Folge haben könnte, daß sie sich ändern müßten. Eine einzige Bitte habe ich an dich: Schütze dich nicht vor dem Erkennen! An der Wahrheit kann man nicht dauerhaft vorbeileben. Wenn man es tut, manövriert man sich ins Leiden. Prüfe, ob wahr ist, was du hier liest, prüfe es vor allem in deinem eigenen Herzen. Ja, es kann sein, daß Reibung entsteht zwischen dem, was du erkennst, und dem, wie du lebst. Kannst du dich darauf einlassen? Deine Freiheit wird in keiner Weise eingeschränkt. Ganz im Gegenteil: Dein Freiheitsraum wird um so größer, je mehr du mit der Wirklichkeit in Übereinstimmung bist. Du entscheidest, in welche Richtung dein nächster Schritt geht. Du bist für dein Leben verantwortlich. Manchmal ist man in Lebenssituationen, in denen man sehr wenig Spielraum hat. Mir geht es darum, deinen Spielraum zu erweitern.

Es ist leichter zu erkennen, was richtig ist, als es zu tun. Aber das Leben wird interessant, lebendig und sinnvoll, wenn wir diesem Konflikt nicht ausweichen. Das Ausweichen hat auch einen Preis: Der Freiheitsraum schrumpft, und irgendwann gehen einem die Augen auf, und man sieht sich von Ausweglosigkeit umstellt.

Ich habe dich um etwas gebeten, und ich verspreche dir etwas: Ich werde dich nicht manipulieren und dich nicht belügen. Wir werden in unserer Kultur von allen Seiten manipuliert und belogen, damit wir etwas tun, was anderen nützt, und dabei glauben, wir nützten uns selbst. Wenn wir es merken, ist es zu spät. Die psychologischen und technischen Möglichkeiten der Manipulation sind – fast – grenzenlos geworden. Aber es gibt ein Mittel dagegen, das dir niemand rauben kann: die Selbsterkenntnis.

Meine Hoffnung ist, daß dieses Buch dazu beiträgt, den Geist der Unterscheidung zu schärfen. Unterscheiden zwischen was? Zwischen richtig und falsch, zwischen gut und böse. Es ist lebenswichtig. Erst wenn ich unterscheiden kann, kann ich auch entscheiden. Freiheit erlebe ich, wenn es mehrere Möglichkeiten gibt, zwischen denen ich wählen kann. Mein inniger Wunsch ist, daß du frei wirst, das Gute zu wählen. Nur wenn du dich immer neu für das Gute entscheidest, wird dein Leben unter allen Umständen gelingen.

Verführer halten dir den Apfel unter die Nase und verbergen die Falle, in die sie dich locken wollen. Erst Spaß, dann Heulen und Zähneklappern. Gute Ratgeber sagen: Der Weg ist steil und schmal, du wirst dich anstrengen müssen, aber oben erwartet dich das, was dein Herz ersehnt.

In diesem Buch fordere ich dich auf, dir über etwas klar zu werden, über *dich* klarzuwerden, über das, was du denkst, was du fühlst, was du erlebt hast, wonach du dich sehnst, was du erstrebst. Diese Stellen sind grau unterlegt. Am besten legst du dir ein Heft und einen Stift neben das Buch und schreibst auf, was dir an Antworten und Gedanken in Herz und Sinn kommt. Dieses Heft ist dein persönliches Logbuch für die Reise, die du jetzt antrittst. Es geht um dich und dein Leben, um deine Freiheit, um dein Glück – ein Glück, das dadurch entsteht, daß du den Sinn deines Lebens erkennst und erfüllst.

Was tun mit deinem Leben?

Hat dich das schon einmal jemand gefragt: „Was willst du tun mit deinem Leben?" Dein Vater? Deine Mutter? Ein Lehrer? Du dich selbst? Sicher haben sie dich schon gefragt: „Was willst du werden?" Aber das ist nicht das Gleiche. Die Frage: „Was willst du tun mit deinem Leben?" betrifft dich als ganze Person. Natürlich gibt es, solange du lebst, darauf immer wieder neue Antworten.

Eines ist sicher, du lebst, und ein zweites ist auch sicher, du wirst sterben. Hast du schon mal einen Menschen sterben sehen oder direkt nach dem Tod in sein Gesicht geschaut? Menschen sterben so, wie sie gelebt haben: manch einer zerfurcht, verzweifelt, voller Angst, ein anderer mit einem erlösten Lächeln auf dem Gesicht. Als ich 29 Jahre alt war, sah ich meinen spirituellen Lehrer, J.G. Bennett, mit einem seligen Lächeln sterben. Meine Mutter, am Pfingstsonntag 2001 gestorben, sagte eine Woche vor ihrem Tod: „Wann ist es denn so weit, ich kann es gar nicht mehr erwarten." In großem Frieden atmete sie ein letztes Mal aus.

Das sind Zeugnisse, die mich begleiten. Schon als Kind habe ich meinen Schulweg manchmal so gelegt, daß ich am Friedhof vorbeikam, um zu sehen, ob da jemand aufgebahrt war. Ich wollte wissen, wie es ist, zu sterben. Aber die wächsernen, geschminkten Gesichter gaben darüber keine Auskunft.

Wie also willst du leben und wie willst du sterben?

Die Frage klingt, als könntest du darüber frei bestimmen, als würde dich jemand fragen: Was willst du mit der Million tun, die du im Lotto gewonnen hast? Aber ganz so frei bist du nicht.

Du bist an einem bestimmten Ort, in einem bestimmten historischen Augenblick, in einer bestimmten Familie geboren. Du kannst die spezifischen Bedingungen deines Lebens als beengend erfahren oder als bereichernd. Wenn sie beengend sind und du mit seelischen Verletzungen leben mußt, mag es aussehen, als hättest du keinen Spielraum zur Entscheidung. Öffnen sich die Türen in deinem Leben wie von selbst, mag es dir scheinen, als gebe es keine Notwendigkeit zur Entscheidung. Aber eines ist sicher: Wenn du die Frage gar nicht im Blick hast, bist du wie ein Stück Holz im Lebensstrom: Es wird vorwärts getragen, bleibt hängen, beim nächsten Regen, wenn der Fluß steigt, treibt es wieder weiter, stürzt mit einem Wasserfall in die Tiefe, gerät in einen Strudel, verhakt sich mit einem anderen Ast, der zufällig des Weges kommt, bis sie bei der nächsten Stromschnelle wieder auseinandergerissen werden, gerät in einen Seitenarm, wo es vor sich hindümpelt bis zum nächsten großen Regen.

Du könntest dir aber auch ein Boot bauen mit einem Ruder zum Lenken und einem Motor als Antrieb. Dafür brauchst du Motivation, Klugheit und Energie. Du baust das Boot, weil dich eine Sehnsucht treibt, aufs Meer zu gelangen. Dafür setzt du alles ein, was du hast. Schließlich steigst du in das Boot und legst ab. Du bewegst dich dann immer noch im selben Fluß wie das Stück Holz, aber du kannst steuern. Du hast nicht alles in der Hand, die Reise ist keineswegs ungefährlich, das Leben ist immer lebensgefährlich; aber jetzt hast du eine Chance, zur Mündung zu gelangen.

Will sagen: Du brauchst ein Ziel – Nahziele und Fernziele. Wenn ich an die Zeit des Abiturs und des Studiums zurückdenke, dann muß ich feststellen: Ich hatte kein Ziel. Niemand hat mich danach gefragt. Ich habe halt Abitur gemacht, weil man mich auf die Spur gesetzt hatte. Ich habe Soziologie studiert, weil es Mode war und irgendwie links, denn mein Vater war auch irgendwie links. Was ich damit tun wollte, wußte ich selbst nach meinem Examen nicht. Ich durchlitt die Scheidung meiner Eltern. Ich habe mich nicht bewußt gefragt, ob ich heiraten wollte, ob ich Familie haben, Mutter werden wollte. Wie hätte ich mich da fragen können, wie denn der Mann sein sollte, mit dem ich mein Leben aufbauen wollte? So wurde ich von unbewußter Bedürftigkeit nach Liebe und Geborgenheit geleitet, hatte einen Freund, zog mit ihm zusammen, heiratete ihn notdürftig und erfüllte alsbald die Statistik, die besagt: Von den Paaren, die vor der Ehe zusammenleben, gehen 75 Prozent der Ehen drei Jahre nach der Heirat wieder in die Brüche.
Ich war das Stück Holz im Lebensstrom, allerdings mit einem schlagenden Herzen voller Sehnsucht nach ... nach Mehr, nach Meer.

Was für ein Ziel oder was für Ziele hast du derzeit?
What makes you tick? Warum stehst du in der früh auf?
Willst du eine neue Welt entdecken?
Willst du Millionär werden?
Willst du berühmt werden als ...?
Willst du etwas Neues schaffen? Erkenntnis gewinnen?
Willst du eine Prinzessin erobern oder von einem Prinzen erobert werden?
Willst du Familie, also einen Ehepartner und Kinder, haben?

Sind deine Ziele selbst gesteckt?
Oder fühlst du dich wie ein Hamster in der Tretmühle? Von Prüfung zu Prüfung, von Party zu Party, von Freund zu Freund, von Freundin zu Freundin, von Vergnügen zu Vergnügen? Hast du überhaupt ein Ziel?

Das Lebensgefühl, wenn man jung ist, sagt: Es liegt alles noch vor mir wie ein unbeschriebenes Blatt. Es spielt keine Rolle, wie ich heute lebe, da ist noch ein riesiges Reservoir an Zukunft vor mir. Das stimmt – wahrscheinlich. Und doch ist jede Entscheidung, jede Tat ein Stein im Haus deines Lebens, der dort immer bleiben wird und mit darüber bestimmt, wie du weiterbauen kannst.

Es wäre gut, wenn du dir – dir und niemand anderem – Rechenschaft geben würdest über den Ist-Zustand. Es ist wichtig, in der Wirklichkeit zu leben, wenn man Einfluß auf sie haben will – auf deine Wirklichkeit, auf dein Leben.

Wie möchtest du Partnerschaft und Familie leben?
- in einem Jahr?
- in ... Jahren?
- am Ende deines Lebens?

Schreibe deine Antworten auf.

Am Schluß des Buches werde ich dich bitten, die Fragen noch einmal zu beantworten.

Die Welt, die wir euch übergeben

Angenommen, du lebst in einem Dorf unterhalb von einem Staudamm ein flottes, lustiges Leben, und dieser Staudamm bekommt Risse, die größer werden. Möchtest du es wissen, oder möchtest du es nicht wissen? Klar, wirst du sagen, will ich es wissen, weil ich dann wegziehen kann. Nehmen wir weiter an, du könntest nicht wegziehen, willst du es dann trotzdem wissen? Wenn du es weißt, könntest du überlegen, wie du auf die Situation reagieren, wie du dich vorbereiten kannst. Wer Risse im Damm nicht sehen will, wacht erst auf, wenn ihm das Wasser bis zum Hals steht. Dann ist es zu spät, ein Boot zu bauen. Wegziehen geht nicht. Es ist eine Welt, eine einzige, in der wir leben – so schön, so wunderbar, so vielfältig und so gefährdet.

Wenn ich nun über die Gefährdung spreche, dann tue ich das so knapp wie möglich, aber aussparen kann ich es nicht. Viele sagen, wir sollten nur über das Positive sprechen. Aber wenn jemand blind auf einen Abgrund zuläuft, dann müssen wir schreien: „Halt, mach die Augen auf!" Wenn er anhält und die Augen aufmacht, dann ist es verkehrt, immer weiter zu rufen: „Vorsicht, Abgrund!" Dann ist es notwendig, zu sagen: Sieh, dort drüben ist ein Licht, ein beleuchteter Weg. Ich werde beides tun.

In den nächsten Kapiteln werde ich dich mit sehr beunruhigenden Tatschen konfrontieren. Ich muß es tun, weil du nur dann richtig handeln kannst, wenn du die Realität so wahrnimmst, wie sie ist.

Wir haben mehr Zugang zu mehr Informationen als jemals zuvor. Aber das führt nicht zu größerer Weisheit oder auch nur zur Vernunft. Die Strukturen der Information sind so beschaffen, daß sie den Menschen systematisch eine Binde über die Augen legen. Die Art, *wie wir leben*, bestimmt die Entwicklung der Gesellschaft. Sie in Frage zu stellen, ist unerwünscht, weil offensichtlich würde, daß wir uns ändern müssen.

Keine Nachrichtensendung, in der nicht von Katastrophen, Kriegen, Terror, Verfall berichtet wird. Wohin man auch schaut, auf die globalen Probleme dieser Erde, die Entwicklungen im eigenen Land oder die Verfassung des modernen Menschen, es türmen sich Probleme auf, für die kaum noch menschliche Lösungen in Sicht sind.

Mehr als je zuvor haben wir heute die Möglichkeit, die Probleme zu analysieren, Entwicklungen zu prognostizieren, technische Mittel unvorstellbarer Macht einzusetzen, global zu kommunizieren, und doch ist die Menschheit nicht in der Lage, die Entwicklung von schlecht zu schlechter aufzuhalten. In den letzten dreihundert Jahren haben die erhabensten Geister die Menschen darüber *aufgeklärt*, daß die Vernunft die einzige und höchste Instanz sei, die über Wahrheit und Irrtum und ethische Normen entscheiden könne, weswegen alle traditionellen Hindernisse des Fortschritts beseitigt werden müßten.

Daß dies ein verheerender Irrtum war, zeigten die beiden Weltkriege. Offenbar wurden die Völker von Mächten bewegt, die sich um die Vernunft und den Menschen einen Dreck scherten. Aber der Glaube an Wissenschaft und Technik und an das Potential der freien Marktwirtschaft, die Erde in ein Schlaraffenland zu verwandeln, blieb ungebrochen.

Macht freie Wirtschaft frei?

Der rationalistische Fortschrittsglaube erlitt 1972 einen schweren Schock durch das Buch *Die Grenzen des Wachstums,* veröffentlicht vom Club of Rome. Dieses Buch wurde weltweit zwölf Millionen mal verkauft. Es prophezeite, daß es innerhalb von hundert Jahren zu einem globalen Kollaps käme, wenn das Bevölkerungswachstum und der Ressourcenverbrauch weiter ansteigen würden. Umkehr sei angesagt *und möglich.*

Auch wenn die bedrohlichste Prognose – die unaufhaltsame Bevölkerungsexplosion, sich in die ganz unvorhergesehene Bedrohung der Vergreisung verkehrt hat, erweist sich der Kern der Warnung als zutreffend: Der Wohlstand von zwanzig Pro-zent der Erdbevölkerung beruht auf einer hemmungslosen Ausplünderung der Ressourcen dieser Erde. Dadurch wird die Biosphäre chronisch überfordert, und die restlichen achtzig Prozent der Weltbevölkerung werden zur Armut verdammt.
Seit dem Fall des Eisernen Vorhangs überspringt die kapitalistische Wirtschaft alle Grenzen. Wir profitieren davon durch billigen Kaffee, billigen Lachs, billige Kleider, durch billig, billig, billig, aber das Billig kommt uns allmählich durch die chronische und wachsende Arbeitslosigkeit teuer zu stehen. Täglich gehen in Deutschland 1000 Arbeitsplätze verloren – ein Blutfluß, den niemand stoppen kann. Billigprodukte werden in armen Ländern produziert, wo Menschen und natürliche Ressourcen schonungslos ausgebeutet werden können.

Der globalisierte Kapitalismus verhält sich, als wären die Schätze der Natur unerschöpflich. Aber sie sind es nicht: DIE NATUR IST ENDLICH.
Seit 1950 ist weltweit ein Drittel des fruchtbaren Bodens verlorengegangen, ein Drittel der tropischen Urwälder, ein Viertel des verfügbaren Süßwasseraufkommens, ein Viertel der Fischbestände. Dieser Raubbau geschieht auf Kosten der kommenden Generationen, auf *eure* Kosten.
Daß die Klimaveränderung nicht nur im Fernsehen stattfindet, konnten wir in Europa in den letzten Jahren alle erleben. Sie wird in den nächsten hundert Jahren zu einer radikalen Veränderung der Lebensverhältnisse auf dieser Erde führen.
Klimaschutz durch Senkung der Emissionen und Industrialisierung der ganzen Welt – das geht nicht. Die Folge: Trotz aller wissenschaftlichen Prognosen, trotz aller Konferenzen, trotz des guten Willens unzähliger Organisationen, trotz der realen Bedrohung: Es gibt keine Senkung der Emissionen, sondern einen weltweiten Anstieg.
Natürlich wissen die Berater des amerikanischen Präsidenten, daß die Klimaerwärmung auch Amerika treffen wird. Aber es sieht so aus, als hätten diejenigen, welche die Politik bestimmen, kurzfristigere Interessen.
Wer reich ist, will reich bleiben. Das, was für den Einzelnen gilt, gilt auch für Nationen: Die reichsten 20 Prozent der Weltbevölkerung verbrauchen 86 Prozent der Güter und Dienstleistungen, die Hälfte der Energie und fast die Hälfte der Vorräte an Fleisch und Fisch.
Wenn die armen achtzig Prozent der Weltbevölkerung den gleichen Lebensstandard haben wollen wie die reichen zwanzig Prozent – China und Indien sind auf dem Sprung dazu –,

dann gibt das die Erde nicht her, sie ächzt bereits unter dem Wohlstand der zwanzig Prozent. Das heißt: Der Wohlstand der Industrienationen ist nicht demokratiefähig.
Es gibt kein ökologisches Problem, bei dem man nicht auf die gleiche Dynamik stößt: Die wirtschaftlichen Entscheidungen, die das ökologische Gleichgewicht auf dieser Erde bestimmen, sind der Profitmaximierung privatwirtschaftlicher Unternehmen untergeordnet, die sich einer demokratischen Kontrolle entziehen. Durch die unvorstellbare Konzentration des Reichtums in den Händen weniger Personen üben diese unsichtbare Macht auf die gewählten Instanzen aus. Es ist, als wäre dem Wagen der Demokratie ein Raubtier vorgespannt, das nur eines will: der Stärkste zu werden und das größtmögliche Territorium zu beherrschen. Es ist unfähig zu Mitgefühl für die Menschen, die es mit sich reißt, es ist unfähig, dem Wohl des Ganzen zu dienen.
Du mußt also damit rechnen, daß es durch die Zerstörung des ökologischen Gleichgewichts auf dieser Erde zu Krisen und Umwälzungen kommen wird, die uns alle treffen. Die Probleme sind aus dem Bildschirm herausgekrochen, ins eigene Land, ins eigene Leben. Ihr werdet das Raubtier zähmen müssen, um sie zu lösen.

Die Welt – ein Altersheim

Seit der Jahrtausendwende pfeifen es die Spatzen von den Dächern: Wir vergreisen. Es gibt immer mehr Alte und immer weniger Junge. Nichts ist von der Natur mit solch verschwenderischer Fülle gesichert wie die Fortpflanzung der Arten. Meine Generation hat – wohl zum erstenmal in der Geschichte der Menschheit – den Fortpflanzungsmechanismus der Gattung Mensch beschädigt.

Diese Menschheitskrise wird mit dem trockenen Begriff „demographische Wende" bezeichnet. Gemeint ist, daß sich die Bevölkerungspyramide umdreht. Normalerweise gibt es am Fuß der Pyramide viele Junge und oben wenige Alte. Derzeit wird daraus ein unförmiges, wasserkopfartiges Gebilde: unten wenige Junge, oben viele Alte. Bis vor kurzem schien dies ein Problem der reichen Industrienationen. Aber seit Anfang des Jahres 2004 wissen wir: *Die Weltbevölkerung vergreist.* Die UN Population Division schätzt, daß ab Mitte dieses Jahrhunderts der Weltdurchschnitt der Geburtenrate unter das Erhaltungsniveau sinken wird.[1] Der Bestand einer Bevölkerung bleibt dann erhalten, wenn jede Frau im Durchschnitt 2,1 Kinder zur Welt bringt.

Deutschland hat mit 1,3 eine der niedrigsten Geburtenraten der Welt. Mit Ausnahme von Frankreich (1,75) und Irland (1,93) ist es in den anderen europäischen Staaten kaum besser, in manchen noch schlechter (Osteuropa, Spanien). Das Problem ist seit dem sogenannten Pillenknick Anfang der siebziger Jahre absehbar und bekannt, wurde aber von der Politik ignoriert.

Nach Schätzungen des Statistischen Bundesamtes wird im Jahr 2050 die Hälfte der Bevölkerung über 50 Jahre alt sein, ein Drittel über 60. Es wird nur noch drei Millionen Kinder unter sechs Jahren geben, aber neun Millionen Alte über achtzig Jahren. Das Statistische Bundesamt sagt: „Die Alterung der deutschen Gesellschaft wird nicht erst in 50 Jahren zu Problemen führen, sondern bereits in den nächsten beiden Jahrzehnten." Denn: Heute kommen auf 100 Erwerbstätige 44 Menschen im Rentenalter, in zwanzig Jahren aber 71.

Das heißt: Jeder von euch, der das Glück hat, erwerbstätig zu sein, muß durch gesetzliche Sozialversicherungsbeiträge für 1,5 Personen aufkommen, die nicht mehr arbeiten, außerdem für die eigenen Kinder und vielleicht für die eigenen Eltern, die von einer reduzierten Rente nicht leben und nicht sterben können. Wenn das Niveau der Renten-, Kranken- und Pflegeversicherung gleich bleiben soll, muß der Versorgungsaufwand, den die 20–60jährigen zu erbringen haben, pro Kopf um mehr als das Doppelte gesteigert werden. Heute beträgt dieser Anteil 20 Prozent der Lohn- und Gehaltskosten. Werdet ihr für uns 40 Prozent abgeben können und wollen? Nein, ihr werdet es weder können noch wollen. Die Sozialversicherungssysteme werden zusammenbrechen, und die Euthanasie von uns pflegebedürftigen Alten wird als zwingende „Lösung" erscheinen.

Diese Zahlen berücksichtigen nicht die chronische Arbeitslosigkeit, die durch die Abwanderung des freien Kapitals in Billiglohnländer weiter steigen wird; sie berücksichtigen nicht die Auswanderung, und sie berücksichtigen nicht, daß die Geburtenrate bereits weiter fällt.

Die sinkende Zahl der Erwerbstätigen und der steigende Anteil der Alten an der Bevölkerung bedeutet sinkendes Steueraufkommen. In den neuen Bundesländern werden bereits Kindergärten und Schulen, Bibliotheken, Krankenhäuser und Schwimmbäder geschlossen. In den alten Bundesländern baut man Kindergärten so, daß sie zu Altenheimen umgerüstet werden können.

Vielleicht denkst du: Dann holen wir einfach Ausländer ins Land. Alle Experten sind sich einig, daß dadurch mehr Probleme geschaffen als gelöst werden.

Deutschland hat fast die höchste Zuwanderungsrate der Welt. Während immer mehr Ausländer zuziehen, nimmt die Zahl

der *erwerbstätigen* Ausländer ab. In Großstädten beträgt der Prozentanteil der Ausländer an der Sozialhilfe oft das Doppelte ihres Prozentanteils an der Bevölkerung.
Ausländer werden unter den Jüngeren in den Großstädten bald die Mehrheitsbevölkerung sein. Die meisten dieser Ausländer sind Muslime. Ihre Geburtenrate liegt bei vier Kindern pro Frau. Wann werden Kirchen, die von Christen nicht mehr gebraucht werden, zu Moscheen?
Es gibt aus dem kommenden Elend nur einen Ausweg: Die Erhöhung der Geburtenrate. Wenn ab sofort jede Frau in Deutschland vier Kinder bekäme, dann wäre das Bestanderhaltungsniveau in achtzig Jahren erreicht. Bleibt die Geburtenrate aber so niedrig, wie sie ist, dann ist jede nachfolgende Generation um ein Drittel kleiner, und der Anteil der Alten an dieser immer kleineren Bevölkerung wird immer größer.
Wenn das Wörtchen „wenn" nicht wär' ... Die Realität ist weit schlimmer, denn die Geburtenrate sinkt dramatisch weiter. In Deutschland wurden laut Statistischem Bundesamt von Januar bis Mai 2004 25 Prozent weniger Kinder geboren als in den Vergleichsmonaten des Vorjahres, das sind 92 000 Kinder weniger. Was sind die Ursachen dieser verheerenden Entwicklung?

Wenn die Geburtenrate fällt, gibt es nur vier Möglichkeiten:
1. Die Menschen haben weniger Sex.
2. Sie verhüten die Empfängnis von Kindern.
3. Sie sind unfruchtbar.
4. Sie töten die Kinder, die sie empfangen haben.

Die erste Möglichkeit können wir ausschließen. Der Sexualkundeunterricht treibt die Jugend in die Frühsexualität, und

das pausenlose mediale Bombardement zerstört jede normative Beschränkung der Sexualität.
Die zweite Möglichkeit, willkürliche Unfruchtbarkeit durch Verhütung, gehört zur westlichen Kultur wie das Auto und gilt als Errungenschaft menschlicher Freiheit.
Die dritte Möglichkeit wird immer mehr zur Realität. In der kurzen Spanne von gut drei Jahrzehnten ist die Natur im Begriff, sich dem Willen des Menschen, keine Kinder zu zeugen, anzupassen: Jede dritte nach 1970 geborene Frau wird zeitlebens unfruchtbar bleiben. Auch die Samenqualität der Männer läßt nach. Seit Jahrzehnten registrieren Wissenschaftler in den Industriestaaten eine Abnahme der Spermienzahl und -kraft.
Die vierte Möglichkeit, die Abtreibung, wurde vom Staat in den letzten Jahrzehnten zunehmend erleichtert und ist nun straffrei möglich. Das Statistische Bundesamt gibt 130 000 Abtreibungen pro Jahr an. Aber es gibt unabweisbare Gründe, daß diese Zahl in Wirklichkeit doppelt so hoch ist.[2]
Abtreibungen werden aus Steuermitteln mit 41 Millionen Euro jährlich subventioniert (abzurechnen über die Krankenkassen).[3]
Damit hat der Staat seine vorzüglichste Aufgabe, den Schutz menschlichen Lebens, aufgegeben. Er opfert das Lebensrecht des Kindes für das Selbstbestimmungsrecht der Frau.
Was wirst du tun, wenn Deutschland mit Riesenschritten zu einem Altersheim wird, das ihr finanzieren sollt?
Was werdet ihr mit uns tun, die wir jetzt allmählich aufhören zu arbeiten, aber noch gute 25 Jahre leben werden? Werdet ihr euch um die Eltern kümmern, von denen sich viele unzureichend um euch gekümmert haben, als ihr das dringend brauchtet? Wer wird sich in den überfüllten, notdürftigen Altersheimen unser annehmen? Wie froh werden jene sein, die Kinder haben, die es

als natürliche Pflicht empfinden, für ihre Eltern zu sorgen, weil die Eltern der natürlichen Verantwortung nachgekommen sind, so gut wie möglich für ihre Kinder zu sorgen. Wer wird sich der notleidenden, pflegebedürftigen Alten annehmen, die keine Kinder haben? Führt irgendein Weg an der Euthanasie vorbei? *Die Würde des Menschen ist unantastbar* ... Das war einmal.
Wenn die Kultur des Todes zu einer Kultur des Lebens gewendet werden soll, dann muß es die höchste Priorität des Staates sein, Familien zu fördern. Dies aber geschieht bisher nicht, trotz aller Nebelreden, die dazu gehalten werden.
Die Familie ist zur „Armutsfalle" geworden. „Der Staat in Deutschland stellt Kinderlose systematisch besser als Familien mit der Wirkung, daß Familien die Lastesel der Kinderlosen geworden sind ... Eltern mit Kindern werden durch Sozialversicherungsbeiträge und Steuern so stark belastet, daß vom Bruttoeinkommen nur ein Betrag übrigbleibt, der pro Kopf eines Haushaltsmitglieds meistens noch nicht einmal das Existenzminimum erreicht: Schon eine vierköpfige Familie ... lebt im Jahr 2003 unterhalb des steuerrechtlichen Existenzminimums."[4] Je mehr Kinder in einer Familie sind, um so weiter sinkt das durchschnittliche Einkommensniveau.
Ihr Jungen seid es, die diese Gesellschaft gestalten werden. Riesige politische Aufgaben liegen vor euch. Um die Altersstruktur der Bevölkerung wieder zu einer Pyramide zu machen, braucht ihr einen Zeithorizont, wie ihn die Erbauer von Domen hatten. Auch wenn ihr die Fertigstellung des Doms nicht erleben werdet, bekommt das Leben Sinn, wenn ihr selbst zu den Steinen werdet, aus denen dieser Dom erwachsen kann.

Mit Kinderaugen

Betrachten wir unsere Zeit aus der Perspektive des Kindes. Sein Leben beginnt mit der Verschmelzung von Ei und Samenzelle. Über diese Frage gibt es heftige Diskussionen, seit die Wissenschaft entdeckt hat, daß sich aus Embryos allerhand einträgliche Produkte herstellen lassen. Aber niemand kann bestreiten, daß ab dem Zeitpunkt der Verschmelzung von Ei und Samenzelle der genetische Code festgelegt ist und ein *kontinuierlicher* Wachstumsprozeß stattfindet, der sich neun Monate lang innerhalb des Mutterleibes abspielt – und nach der Geburt außerhalb. Damit dieser Wachstumsprozeß einen an Leib und Seele gesunden Menschen hervorbringt, bedarf es guter Bedingungen – im Mutterleib und in der Welt. Wir wol-len davon ausgehen, daß der Mensch sein Leben im Bauch seiner biologischen Mutter beginnt – nicht in einer Petrischale, nicht nach jahrelangem Aufenthalt in einer Gefriertruhe und auch nicht im Bauch einer Leihmutter.

Nun beginnt die riskanteste Phase seiner Existenz. Früher, und das ist nur gute dreißig Jahre her, war die Gebärmutter der sicherste und geborgenste Ort, den ein Kind je erleben konnte. Es brauchte für nichts zu sorgen, wurde durch die Nabelschnur ernährt, schwamm genußvoll im warmen Wasser und hörte beständig den beruhigenden Herzschlag seiner Mutter. Zu allen Zeiten wurden vereinzelt Kinder in dieser Phase getötet. Heute ist das anders geworden: Mindestens jedes dritte Kind wird im Mutterleib getötet. Plötzlich entsteht ein mächtiger Sog, der es in Stücke reißt, und diese Stücke landen im Abfall. Im Jahr 2002 wurden in Deutschland 719 250 Kinder geboren und nach offizieller Statistik 130 400 abgetrieben. Seriöse, gut begründete Schätzungen, gehen davon aus, daß die Zahl mindestens doppelt so hoch ist. Mehr als ein Viertel der kleinen Menschen schafft es nicht bis zur Geburt.

Wenn es geboren wird und wenn es Glück hat, kommt es bald nach der Geburt zu seiner Mutter und darf die nächsten Monate an ihrer Brust trinken. Mutter und Kind schauen sich in die Augen und erkennen einander schon in den ersten Stunden. Das schafft Bindung, und aus der Bindung erwächst Urvertrauen, das nicht nachgeliefert werden kann, wenn es nicht in den ersten Tagen, Wochen und Monaten entsteht.

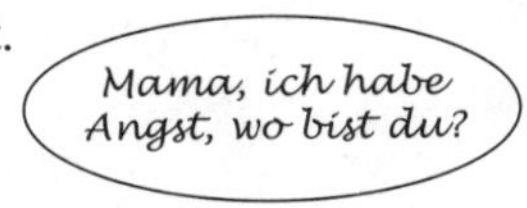

Noch in meiner Generation hielt man es für richtig, das Kind in den ersten Tagen weitgehend von der Mutter fernzuhalten, möglichst schnell abzustillen und nur alle vier Stunden zu füttern. Der Preis war das Urvertrauen, das der Mensch so sehr benötigt, um die Fährnisse des Lebens zu bestehen.

Wenn das Kind Glück hat, wird es zu Hause freudig in der Familie empfangen, bestehend aus Vater, Mutter und Geschwistern. Meistens ist es allerdings mit seinen Eltern allein. Mehr als die Hälfte aller Kinder wachsen ohne Geschwister auf.

Die Eltern sind oft nicht verheiratet. Die Zahl der Eheschließungen hat von 1967 bis heute fast um die Hälfte abgenommen. (Die Trennung dieser Paare taucht übrigens in der Scheidungsstatistik nicht auf, ist aber für die Kinder nicht weniger schlimm.) Diejenigen, die heiraten, tun es in der Regel erst um die 30.

Ein gutes Viertel aller Kinder wird unehelich geboren. Zwar ist der Papa anfänglich meistens da, aber es wird immer wahrscheinlicher, daß das Kind nur mit einem Elternteil auskommen muß, bevor es 18 ist. Jedes siebte Kind unter 18, das sind 2,2 Millionen, wächst nur mit einem Elternteil auf, über 90 Prozent mit der Mutter.

Mama, wo ist mein Papa? Papa, wo ist meine Mama?

Natürlich ist es schwer für die Mutter, für das Kind da zu sein und gleichzeitig Geld zu verdienen. Deswegen ist jede dritte alleinerziehende Frau auf Sozialhilfe angewiesen. Kann sein, daß das Kind ziemlich bald nach der Geburt in eine Kinderkrippe kommt, weil die Mutter arbeiten muß oder will. Der Staat ist ganz versessen darauf, die Krippenplätze auszubauen. Frauen sollen der Wirtschaft zur Verfügung stehen. Zwar gibt es im Sommer 2008 immer noch dreieinhalb Millionen Arbeitslose, aber das Problem der Zukunft wird der Arbeitskräftemangel sein, weil es immer weniger Erwerbstätige gibt. Deswegen muß die „Ressource Frau" nun ganz und gar zur Verfügung stehen – auf Kosten der Kinder.

Seit Einführung von Hartz IV ist die Kinderarmut dramatisch gestiegen. 2,5 Millionen Kinder und Jugendliche leben in Deutschland nach Schätzungen des Kinderschutzbundes auf Sozialhilfeniveau, das heißt, jedes 6. Kind lebt unter der Armutsgrenze.

Ich möchte auch mal ein neues Kleid!

Eine Familie mit mehr als zwei Kindern ist im reichen Deutschland zur Armutsfalle geworden.

Spätestens mit drei Jahren kommt das Kind in den Kindergarten, darauf hat es einen gesetzlichen Anspruch. Aber immer mehr Kinder kommen schon mit ernsten Störungen im Kindergarten an.

In der Nachbarschaft findet es nicht viele Spielgefährten. Es gibt einfach so wenig, denn seit 1965 haben sich die Geburtenzahlen halbiert. Die Oma erzählt, daß das in ihrer Kindheit noch anders war: Da sah man Kinder auf der Straße spielen, hörte ihr Lachen und ihr Geschrei. Heute sieht man sie vor dem Fernseher sitzen.

Die Einschulung naht. Alle gehen in dieselbe Grundschule, aber in welcher Verfassung kommen die Kinder in die Schule?

Das Bundesministerium für Familie hat zum Thema *Soziale Kompetenz für Kinder und Familien* eine Untersuchung in Auftrag gegeben. Über die Hälfte der befragten Mütter und Väter von Vorschulkindern klagt über regelmäßige Verhaltensprobleme der Kinder und über Erziehungsschwierigkeiten, bei Buben über Aggression und Hyperaktivität, bei Mädchen mehr über Angst und Niedergeschlagenheit. Die Studie kommt zu dem Ergebnis: „Verhaltensprobleme sind bereits im Vorschulalter weit verbreitet. Bei der Hälfte aller Verhaltensprobleme von kleinen Kindern handelt es sich nicht um kurzzeitige schwierige Phasen, sondern um langfristige Entwicklungen, die eine frühzeitige Vorbeugung bzw. Intervention sinnvoll und notwendig machen." (www.bmfsfj.de)

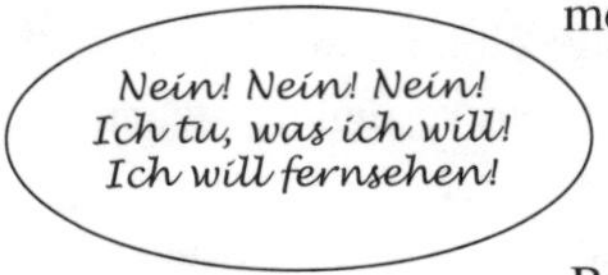

Worüber würden die Kinder klagen, wenn man sie fragen würde? Die Studie gibt darauf eine Antwort: „Die wichtigsten Gründe für Verhaltensprobleme der Kinder sind mangelnde emotionale Zuwendung der Eltern sowie deren *Desinteresse an ihrem Nachwuchs*." Aber es gibt ja Psychopharmaka: 40 000 Buben werden regelmäßig mit dem Dämpfungsmittel Ritalin gedopt.

Die Wahrscheinlichkeit, daß das Kind die Scheidung seiner Eltern erleiden muß, wird immer größer. Im Jahr 2004 gab es knapp 400 000 Eheschließungen und gut 200 000 Scheidungen. Kaum etwas ist schlimmer für das Kind: Es liebt ja beide Eltern, es braucht beide Eltern, und plötzlich muß es miterleben, wie Haß die Eltern auseinandertreibt, sie vielleicht sogar einen jahrelangen Krieg um das Kind führen. Scheidungskinder fallen in der Schule zurück, werden häufiger drogensüchtig und sind stärker suizidgefährdet.

Ich bin traurig. Ich bin dauernd traurig. Ich habe zu nichts Lust.

Vielleicht kommt das Kind dann in eine sogenannte Patchworkfamilie, zu Stiefmutter oder Stiefvater und Stiefgeschwistern. Kann leicht sein, daß es sich da wie das fünfte Rad am Wagen fühlt. Oder das Kind hatte Glück und konnte in den ersten sechs Jahren einen Fundus an Lebens- und Selbstvertrauen aufbauen.

Wohin gehöre ich? Liebt mich denn keiner?

Es möchte gerne lernen. Aber in der Schule sind eine Menge Kinder, die nur sehr schlecht Deutsch können. Der Lärm in der Klasse ist so groß, daß keine Lernatmosphäre entstehen kann. Immer gibt es ein

Die sagen, ich bin ein Streber.

paar Kinder, die rüpeln und schreien und schlagen und mobben und systematisch die Autorität des Lehrers, meistens der Lehrerin, untergraben. Wie soll sie da Wissen, gar Werte vermitteln? In der Klasse sozial zu überleben, wird zu einer täglichen Herausforderung. 45 Prozent der 12–17jährigen helfen sich im Schulstreß mit Medikamenten. In diesem Alter müssen sie fürchten, zusammengeschlagen zu werden, wenn sie ihren gewaltbereiten Mitschülern in die Quere kommen.

Noch lange vor der Pubertät, oft schon mit neun Jahren, bekommt das Kind im gemischten Klassenverband Unterricht in Sexualkunde. Von Natur aus hat es in diesem Alter keinerlei Interesse an Sexualität. Die Psychologie spricht von der Latenzphase. Aber die Schule meint, jetzt brauche es spezifisches Wissen in diesen Fragen. Manche Lehrpläne lassen die Kinder zu diesem Zweck die Genitalien von Mann und Frau aus Knetmasse nachbilden, um sie mit den exakten anatomischen Bezeichnungen und Funktionen vertraut zu machen. Es werden ihnen Kondome unter die Nase gehalten, die – hi hi – nach Erdbeeren riechen. Mit Hilfe von großen Karotten wird geübt, dieselben überzustreifen. Schließlich muß die Schule ja ihre Verantwortung wahrnehmen, und den Kindern das Know-how vermitteln, wie Frühschwangerschaften und AIDS vermieden werden können.

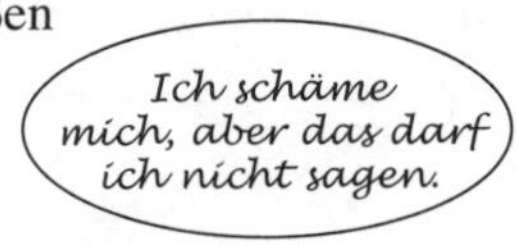

Wenn das Kind das Glück hat, in einem förderlichen Familienklima zu leben, hat es bessere Chancen, den Sprung an eine höhere Schule zu schaffen. Aber wenn nicht?

Die PISA-Studie hat es zu Tage gefördert: An die 20 Prozent verlassen die Hauptschule mit 15 Jahren, ohne richtig Lesen und Schreiben und Rechnen zu können. 10 Prozent der Schulabgänger sind nicht vermittelbar.

Auch jene, die mit einem guten Zeugnis aus der Hauptschule abgehen, finden nicht leicht eine Lehrstelle. 180 000 Stellen fehlen.

Und wenn sie eine Ausbildung abgeschlossen haben, kann es gut sein, daß sie keine Arbeit finden. Von den vier Millionen Arbeitslosen sind 500 000 jünger als 25. Auch ein Studium ist keine Garantie gegen Arbeitslosigkeit. Unter den Arbeitslosen steigt der Anteil der Akademiker immer mehr.

Und du?

Vielleicht hat dich das alles nicht getroffen. Vielleicht haben deine Eltern dich mit Freuden in der Welt empfangen. Du hast mehrere Geschwister. Immer war wenigstens einer zu Hause, meistens die Mama, aber auch manchmal der Papa und manchmal die Großeltern. Du hast in deiner Familie erlebt, was Liebe ist, und wurdest zur Liebe und Solidarität erzogen. Deine Eltern haben von klein auf deine Begabungen erspürt und sie gefördert. Beim Essen am Familientisch gab es muntere Gespräche, manchmal heiße Diskussionen. Du hast gespürt: Deine Eltern sind stolz auf dich. Wenn es in der Schule schwierig war, standen sie hinter dir. Scheidung? Meine Eltern? Niemals!

Wenn das so ähnlich bei dir war und ist, danke dem lieben Gott dafür. Du gehörst zu den wahrhaft Privilegierten. Ist dir das bewußt? Was machst du mit diesem Startvorteil ins Erwachsenenleben?

Wie immer dein Weg vom Kind zum Erwachsensein verlaufen sein mag, irgendwann stellt sich die Frage: Heirat - ja oder nein? Kinder - ja oder nein? Die Möglichkeit ist groß, daß du einen Rucksack an Verletzungen und Enttäuschungen mit dir herumträgst: die Scheidung der Eltern, zerbrochene Liebesbeziehungen – und nun ja sagen fürs ganze Leben?? Ist es da nicht besser, frei zu bleiben und als Single durchs Leben zu gehen, wie es 60 Prozent der Großstadtbewohner tun?
Aber es gibt auch eine Zwischenlösung, wirst du sagen. Man kann erst mal zusammenziehen und ausprobieren, wie es geht. Neunzig Prozent junger Menschen sind für eine Ehe auf Probe. Aber eine Ehe auf Probe ist keine Ehe. Früher nannte man das „wilde Ehe". Heute brauchen die Kinder dazu nicht einmal mehr das Elternhaus zu verlassen.
Wie sieht die Vision von deinem Leben aus? Willst du heiraten? Willst du vielleicht sogar kirchlich heiraten? Willst du Kinder haben? Willst du Vater werden? Willst du Mutter werden? Hoffentlich kannst du überhaupt Kinder bekommen, denn ein Drittel der Frauen deiner Generation sind unfruchtbar. Wenn ja: Willst du den Verzicht in Kauf nehmen, den es bedeutet, in dieser Gesellschaft Kinder großzuziehen? Wir sind nämlich in Deutschland, einem der reichsten Länder der Erde, zu arm, um uns Kinder leisten zu können.

Blick zurück auf 1968

Der Fluch der unbereuten Schuld

Schauen wir eine Lebensspanne zurück. Ich bin im letzten Jahr des Zweiten Weltkriegs geboren, im Oktober 1944. Es war Fliegeralarm, als meine Mutter allein ins Krankenhaus nach Konstanz ging, um mir das Leben zu schenken. Als ich 1964 mit dem Studium begann, war der Naziterror erst 19 Jahre lang vorbei. Das Erschrecken über die Vergangenheit und die Entschlossenheit, Strukturen zu schaffen, die eine Wiederholung des Entsetzlichen verhindern würden, ließen die Väter des Grundgesetzes 1948 eine bemerkenswerte Verfassung formulieren, deren erster Satz lautet: „Die Würde des Menschen ist unantastbar."

Aber eine tiefgreifende Aufarbeitung der Nazivergangenheit fand damals nicht statt. Statt dessen Schweigen, Spurenverwischen und schnellstmögliche Rückkehr zur Normalität. „Wir haben nichts gewußt", war die Losung, die nichts löste. Bewährte Nazis gelangten ohne Federlesen wieder in Führungspositionen und betätigten sich als Demokraten.

Wie hätte die Aufarbeitung geschehen können, wenn die meisten doch irgendwie mitschuldig, die meisten irgendwie verstrickt waren? Wenn die Schuld so riesengroß war, der Widerstand so verschwindend gering? Welche Instanz war unbescholten genug, um den Prozeß der Reue und Umkehr in

Gang zu setzen? Die Kirchen? 3000 katholische Priester wurden in den KZs ermordet. Warum ist aus ihrem Blut nicht Buße geboren worden?
Man stelle sich vor, die Kirchen hätten getan, was ihr eigentlicher Auftrag ist, nämlich die Menschen zur Reue, Buße und Umkehr anzuleiten!
Die meisten Menschen heute, auch die meiner Generation und erst recht die Jüngeren, denken: Das muß doch endlich vorbei sein. Wir haben keine Schuld daran, also vergessen wir's. Aber die guten und die bösen Taten, die in einer Gemeinschaft ge-schehen sind, sei es in einer Familie, sei es in einem Volk, wirken weiter; sie bereiten guten oder schlechten Boden für das nachwachsende Leben. Das Gute ist Potenz, muß vom Einzelnen neu erworben werden, damit er es besitzt. Das Böse bedarf kaum einer Willensentscheidung, um sich – *in anderer Gestalt!* – fortzupflanzen. Es muß das Licht des Bewußtseins darauf fallen, Tränen der Reue, aus denen der Wille zur Umkehr erwächst, damit ein geistiger Wiederaufbau stattfinden kann. Aufarbeiten hätte geheißen, daß wir Deutschen voreinander und vor dem jüdischen Volk, dem auserwählten Volk Gottes, unsere Schuld bekennen: rassistische Einstellung, Herrenmenschentum, Gleichgültigkeit, Verleumdung, unterlassene Hilfeleistung, Feigheit, Diebstahl, Enteignung, Mitarbeit in der Vernichtungsmaschinerie bis hin zu Folter und Mord.
„Doch interessiert uns das alles? Wollen wir wirklich wissen, was in unseren Familien geschah – in unseren Ortschaften? Könnte es sein, daß sich in unserem eigenen Haus, unter unserem Mobiliar, Wertstücke befinden, die ursprünglich jüdischer Besitz waren? Wohin verschwanden die kostbaren Instrumente der unzähligen geflüchteten oder umgebrachten hochbegabten,

jüdischen Musiker? In dieses ganze dunkle Kapitel der Schuld unseres Volkes ist bisher kaum Licht gefallen."[5]

Ich will nicht anklagen. Wir, Hätschelkinder von sechzig Jahren Frieden und Demokratie, wissen nicht, wie treu wir dem Guten bleiben würden, wenn es etwas kostet, vielleicht sogar die Freiheit und das Leben. Ich will nur sagen: Eine wirkliche Aufarbeitung der Schuld ist nicht geschehen. Das hat zur Folge: Das moralische Rückgrat der Nazigeneration, der Generation meiner Eltern, war gebrochen. Schuld kann nicht mit Schweigen getilgt werden, nur mit Reue und Vergebung.

Daß dies nicht geschehen ist, hat eine weitere Folge: Nicht nur die Schuld der Generation meiner Eltern, auch ihr Leid ist nicht anerkannt worden und dadurch nicht fruchtbar. Sie haben Krieg und Flucht und Vertreibung und Zerstörung der Städte und Hunger durchlebt. Auch darüber liegt eine Decke des Schweigens. So gut wie jede Familie hat Vater, Ehemann oder Sohn verloren. Was haben jene, die gefallen sind, und auch je-ne, die zurückkehrten, vielleicht nach schlimmer Gefangenschaft, was haben sie durchlitten? Millionen wurden aus ihrer Heimat vertrieben, sind auf den Trecks in den Westen durch die Hölle gegangen. In den Städten kündete das Geheul der Sirenen den zitternden Menschen von immer neuen Luftangriffen. Diese herrlichen deutschen Städte, in denen sich das kulturelle Erbe zu Stein verdichtet hatte, wurden in Schutt und Asche gelegt, und auf einen Schlag waren Tausende unter den Trümmern begraben. Der Hunger, die Vernichtung der Vermögen kamen erst nach dem Krieg. Es war eine Zeit der Not, aber auch der Hoffnung und der Befreiung.

Alle Kräfte gingen begreiflicherweise in den Wiederaufbau, der sich mit amerikanischem Kapital alsbald zum Wirtschafts-

wunder auswuchs. Aber wo blieb der geistige, spirituelle Wiederaufbau?
So wuchsen wir in geistiger Leere und vielfach emotionaler Unterernährung auf. Die Elterngeneration hatte nichts, worauf sie stolz sein konnte. Sie schwieg. Tradition bildet sich, wenn Eltern glauben, daß sie etwas Gutes besitzen, das sie den Kindern weitergeben wollen, damit es ihnen gut geht. Tradition kommt vom lateinischen Wort *tradere*, was heißt *übergeben, anvertrauen, überliefern, mitteilen, lehren*. Aber da war nichts, da war nur Schweigen und wachsender materieller Wohlstand. Das ist der Fluch unbereuter Schuld: Sie schneidet die Gegenwart von ihren Wurzeln ab. Uns, den Abkömmlingen der Dichter und Denker, wurde keine kulturelle Schatzkiste *übergeben* und *anvertraut*; uns wurde wenig *mitgeteilt*, und die *Lehrer* verloren ihre Autorität. Weil die Autorität von innen ausgehöhlt war, konnte sie ins Wanken gebracht werden.

Der Sinn des Lebens? Peinliche Frage

In DIE ZEIT vom 7. April 2004 wurde eine Umfrage veröffentlicht, die eine junge Studentin 1962 bei führenden Intellektuellen der deutschen Republik gemacht hat. Sie fragte: „Glauben Sie, daß das Leben einen Sinn hat? Und wenn ja, welchen?"
Die Frage stürzt die meisten der vierzehn befragten Schriftsteller in Verlegenheit und Ratlosigkeit. Max Frisch findet Situationen tröstlich, in denen „das Leben sich selbst genug ist und kein Ziel hat". Uwe Johnson antwortet „mit einiger Verlegenheit ... Mehr Sinn als den Tod am Ende braucht es nicht ... Die Frage mag ein Kranker stellen, oder jemand in

schwieriger Situation.” Martin Walser vertröstet auf später: „Ich müßte sehr lügen, wenn ich zu Ihrer Frage eine volle Antwort erfinden [!] müßte. Sobald sich mir dieser gesuchte Sinn auftut, schreibe ich Ihnen.” Ob er wohl in den seither vergangenen 42 Jahren geschrieben hat? Gregor von Rezzori: „Der Sinn des Lebens liegt darin, nach des Lebens Sinn zu fragen.” Auch Gerhard Zwerenz bringt die Frage „in einige Verlegenheit” und er empfiehlt der jungen Studentin, sich „ein wenig an Camus” zu halten, jenen Literatur-Nobelpreisträger, der die Sinnlosigkeit zum Sinn erhoben hat. Sofern die Befragten überhaupt glauben, daß das Leben einen Sinn hat, so wie Walter Jens, dann sind sie sich darin einig, daß jeder Mensch diesen Sinn „nur selbst suchen und finden kann”. Was heißen soll: Da gibt es keinen übergeordneten Sinn, keinen Schatz im Acker.

Auch mein Vater, Erich Kuby, wurde befragt. Er sagte: Nur wer in einem festen religiösen oder weltanschaulichen System lebe, das immer darauf angelegt sei, einen „Sinn” zu fixieren, könne darauf eine Antwort haben.

Es gibt nur eine einzige Frau unter den Befragten, Luise Rinser, die in gewisser Weise die Bemerkung meines Vaters bestätigt. Sie spricht von Gott, und sie ist die einzige, die dem Leben einen tieferen Sinn abgewinnen kann.

Alles sei angeordnet in einer ganz großen Ordnung. „Es ist letztlich eine Liebesordnung. Sie stehen darin, wir alle tun es. Sie können diese Ordnung in Unordnung bringen durch böse, lieblose Taten und Gedanken. Sie können die Ordnung festigen durch Gutes. Der Sinn des Lebens ist: die Ordnung der Liebe festigen, weil dies im Sinne Gottes ist, der Sie liebt.”

Wie würdest du jetzt auf diese Frage antworten?

Welchen Sinn hat mein Leben?
Schreib ein paar Sätze darüber auf, genau so, wie du jetzt empfindest!

Vielleicht weißt du_keine Antwort. Du siehst ja, man kann dicke Bücher schreiben, den Nobelpreis gewinnen, und trotzdem keine Antwort haben. Am Ende dieses Buches werde ich dich noch einmal bitten, dir diese Frage zu stellen. Es gibt eine Antwort auf diese Frage, die für den, der sie findet, zur Quelle von Hoffnung und Zuversicht wird. Wäre es nicht schön, wenn du in deinem Herzen spüren könntest, was dein Leben mit „der großen Liebesordnung" zu tun hat, von der Luise Rinser spricht?

Von Gott zu sprechen, war schon damals nicht schick. Es erschien denen, die sich als Avantgarde fühlten und den Ton angaben, der heute zum Normalton geworden ist, wie eine Schwäche. (Sie ahnen nicht, daß Glaube und Hingabe das größte Wagnis ist, das ein Mensch eingehen kann.) Die Schriftsteller, die sich in und um die Gruppe 47 die Bälle und die Aufträge und die Posten zuwarfen, fühlten sich moralisch überlegen, weil an ihren Händen keine grobe Nazischuld klebte. Sie traten für diffuse humanistische Werte ein, die sie nicht dazu bewegten, zum Beispiel die Freigabe der Pornographie zu verhindern. Orientierung konnten sie uns keine geben.

Macht kaputt, was euch kaputt macht

Was war eigentlich so schlecht damals, Ende der sechziger Jahre – außer, daß uns kein Lebenssinn vorgelebt und angeboten wurde? Vom „Muff" der damaligen Zeit ist die Rede. Aber wenn etwas muffig ist, lüftet man es aus, man zerstört es nicht.
Die pubertäre Unzufriedenheit der Studentengeneration von 1968 wurde zu einem Nährboden, in den zielbewußte Manipulateure den Samen ideologischer Verführung streuten.
Dieser Same ist aufgegangen und trägt Frucht, heute und jetzt. Jeder muß davon essen, ob er will oder nicht. „Der Marsch durch die Institutionen", der damals von den demonstrierenden und zunehmend gewaltbereiten Außenseitern ins Visier genommen wurde, ist gelungen.
Die sexuelle Revolution, die damals ausgerufen wurde, dürfte sich in ihren Folgen als weitreichender erweisen als jede Revolution zuvor. Damals, Ende der sechziger und in den siebziger Jahren, waren wir krakeelende Außenseiter auf den Straßen mit marxistischen Parolen wie Weltrevolution und Proletariat und Frauenbefreiung auf den Lippen. Heute sitzen die Wortführer von damals in feinen Anzügen auf der Regierungsbank und in den Redaktionen der Medien und vollziehen durch Gesetzgebung und Meinungsbildung die sexuelle Revolution, für die sie damals die Fanfaren bliesen.

Ich war in jener Zeit Mitläuferin. Wir sind alle Mitläufer, solange wir von außen gesteuert werden, von dem, was „alle" tun. Was wir als „alle" wahrnehmen, ist unsere unmittelbare soziale Umgebung, die immer dazu neigt, denjenigen, der nicht mitmacht, an den Rand zu drängen. Aber es gibt auch eine innere Instanz, einen Sinn für das Wahrhaftige, für das mir

Entsprechende, für Gut und Böse, der in Widerspruch zu den scheinbar zwingenden Imperativen des Kollektivs treten kann. Diese Stimme sagte zu mir: Da stimmt etwas nicht. Du hast Marx nicht gelesen, du hast nie eine Fabrik von innen gesehen. Mit dem Nächstbesten ins Bett gehen, das willst du doch gar nicht. Bist du vielleicht altmodisch, unnormal?
Die Attacke auf die bestehende Wertordnung geschah unter der Flagge dreier Ideologien: des Kommunismus, der sexuellen Befreiung und des Feminismus. Allen dreien gemeinsam ist der Angriff auf die Institutionen der Gesellschaft, die das Wertefundament tragen: auf die Familie und auf die Kirchen. Der griffige Slogan, Religion sei „Opium fürs Volk", den Karl Marx 1848 im Kommunistischen Manifest geprägt hatte, setzte sich in den Köpfen fest.

Kommunistische Ideologisierung

Es begann mit kommunistischer Indoktrination. Die Wortführer der ersten Demonstrationen und Sit-ins an der Freien Universität Berlin waren Mitglieder des SDS, des Sozialistischen Deutschen Studentenbundes, Rudi Dutschke unter ihnen der Prominenteste. Ihr Büro war am Ende des Kudamms, verraucht, schmutzig, an den Wänden Plakate von Marx und Lenin und Che Guevara. Dort fanden Schulungskurse in marxistischer Theorie statt. Ich liebäugelte mit dem Eintritt, aber schon damals und mein ganzes Leben lang schützte mich ein unüberwindlicher innerer Widerstand gegen Gruppenzwänge und eine Neigung, bei Widersprüchen zwischen Theorie und Praxis den Mund aufzumachen.
Vom Proletariat war die Rede und von der Weltrevolution.

Der Haken war nur: Es gab kein Proletariat, das von Studenten befreit werden wollte. Vielmehr schrien die Berliner von oben aus den Fenstern zu den Demonstranten hinunter: „Geht doch nach drüben!" Es gab keinen Leidensdruck, der sie auf die Straße getrieben hätte, denn niemals zuvor war es ihnen materiell so gut gegangen.

Niemand wollte nach „drüben". Daß die Anführer von „drüben" finanziert wurden, das wußten damals nur sie selbst. Einen Steinwurf weiter, jenseits der Mauer, wo der Sozialismus real existierte, war offenkundig nicht nur die Freiheit einem diktatorischen Einparteienstaat zum Opfer gefallen, sondern es waren auch die Ideale von Brüderlichkeit und Gleichheit – anders als es die Theorie verkündete – in den menschenverachtenden Abgrund totalitärer Herrschaft gerissen worden.

Daß die Terrorherrschaft von Stalin 30 Millionen Menschenleben gekostet hatte, das war nicht unbekannt, aber sprechen durfte man darüber nicht. Wer es tat, galt als „Revanchist" oder „Konterrevolutionär". Er wurde ausgegrenzt und damit einflußlos. Nur die Naziverbrechen durften beim Namen genannt werden und galten als unvergleichlich schlimmer als alles, was im Namen des Kommunismus geschehen war. Ist es ein Dienst an der Würde des Menschen, wenn das Entsetzen über die grenzenlose Fähigkeit zum Bösen nur den Opfern der KZs gilt, nicht aber den Opfern der Gulags?

Und doch konnte die kommunistische Ideologie wieder Fuß fassen, die den Gott-Abgewandten weismacht: Es könnte eine gerechte Gesellschaft von Menschen geschaffen werden, und sie dürfe notfalls mit Gewalt durchgesetzt werden.

Da der real existierende Sozialismus in der DDR sich zur Massenmobilisierung im Westen nicht eignete, verlagerte sich

die Idealisierung kommunistischer Herrschaft nach Asien, auf Mao Tse-tung. Die rote Mao-Bibel wurde zum Lehrbuch. Ich besitze sie noch als Mahnmal gegen die Verblendung. Wie war es möglich, daß wir, daß ich, uns von den wenigen Phrasen über Solidarität und Gleichheit und den „neuen Menschen" so sehr verblenden ließen, daß uns die Menschenverachtung im Namen des Kollektivs nicht schreckte? Wieso gingen uns nicht die Augen auf, als die Chinesen in den sechziger Jahren Tibet annektierten, die Klöster niederrissen und die tibetanische Kultur zerstörten?
Obwohl die Studentenbewegung gegen autoritäre Strukturen in der Familie, in den Universitäten, selbstverständlich in der Kirche anrannte, war die innere Verfassung der kommunistischen und maoistischen Gruppen nicht minder autoritär wie die der Einheitsparteien, denen sie nacheiferten. Die Bewegung rutschte ab in Gewalt, nicht nur gegen Sachen, sondern auch gegen Menschen. Ulrike Meinhof und Andreas Bader gründeten die Rote-Armee-Fraktion (RAF), die Kaufhäuser in Brand steckte und Menschen entführte und ermordete.
Gegen Ende der siebziger Jahre war das Ende der kommunistischen Fahnenstange für die westdeutsche Linke erreicht. Wer einigermaßen realistisch war, und sei es nur, um irgendwie an der Macht mitzumischen, mußte erkennen, daß hier der Weg nicht weiter ging. Still und leise wurden aus vielen Roten Grüne – wieder ohne Innehalten, ohne den Irrweg ins Licht zu stellen, ohne die Verblendung beim Namen zu nennen.

Sexuelle Befreiung – wirklich?

Gleichzeitig mit der kommunistischen Ideologisierung wurde eine zweite Lawine losgetreten: die sexuelle Befreiung. Ihr Prophet war Wilhelm Reich, ein abgefallener Schüler von Sigmund Freud. Ich erinnere mich, daß seine Bücher 1967 von den Kommunarden vor der Mensa in Berlin als Raubdruck verkauft wurden: „Charakteranalyse" und „Die Funktion des Orgasmus". Wenig später wurden sie von angesehenen Verlagen publiziert. Darin war von Orgon-Energie die Rede, die beim Orgasmus erzeugt werde. Der Mensch brauche dreimal pro Woche einen Orgasmus, mit wem und unter welchen Bedingungen war gleichgültig. Von Ehe, von Kind, von Familie, von Verantwortung und Treue war nicht die Rede.

Die Botschaft traf sich mit der kommunistischen Idee der Nivellierung von Eigentumsunterschieden. Kapital war schlecht, Besitz war schlecht, das „Besitzen" eines Menschen durch juristische Bindung in der Ehe – von der sakramentalen ganz zu schweigen – war ebenso schlecht.

Man beachte, wie Ideologie funktioniert: Bindung wird als Besitzen umgedeutet und so diffamiert, dabei sind es grundverschiedene Arten, in Beziehung zu treten: Bindung ist ein freiwilliger Akt; sie entsteht aus einem in Freiheit gesprochenen Ja zu einer anderen Person. Ich werde nicht gebunden, sondern ich binde mich, weil ich mich selbst besitze und mich in Freiheit dem anderen schenke. Besitzen ist das Gegenteil: Ich verfüge über etwas, das mir gehört. Ein Objekt hat kein Selbstbestimmungsrecht. Wird die freie Bindung zwischen Menschen eliminiert, so verkommen die Beziehungen dazu, sich wechselseitig als Objekt zu benutzen.

Stehlen in den Kaufhäusern war ebenso geboten wie Partnerwechsel und Partnerhäufung nach Belieben. Es gab eine Kommune, die von Otto Mühl gegründete AAO, da hing in der Küche ein Anschlagbrett, auf dem die Namen der Frauen ver-zeichnet waren, die mehr als dreimal mit demselben Mann ge-schlafen hatten. *Wer zweimal mit dem gleichen pennt, gehört zum Establishment* – war die Parole. Wer darauf mit Wut, Enttäuschung, Ekel, Depression reagierte, in dem war eben der alte Mensch noch nicht besiegt.
Wilhelm Reich hatte in den Köpfen die Weichen gestellt. Die Unterdrückung des Lebendigen, besonders in der Sexualität, sei die Wurzel der Lebens- und Kulturfeindlichkeit. O-Ton Wilhelm Reich:
„Der lebens- und sexualverneinend erzogene Mensch erwirbt eine Lustangst, die physiologisch in chronischen Muskelspannungen verankert ist. Die neurotische Lustangst ist die Grundlage der Reproduktion der lebensverneinenden, Diktatur begründenden Weltanschauungen durch den Menschen selbst. Sie ist Kern der Angst vor selbständiger, freiheitlicher Lebensführung. Das wird die Kraftquelle jeder Art politischer Reaktion, der Herrschaft von Einzelpersonen oder Gruppen über die Mehrheit der arbeitenden Menschen.
Die charakterliche Struktur des heutigen Menschen, der eine sechstausend Jahre alte patriarchalisch-autoritäre Kultur fortpflanzt, ist durch charakterliche Panzerung gegen die innere Natur und gegen die äußere gesellschaftliche Misere gekennzeichnet. Sie ist die Grundlage von Vereinsamung, Hilfsbedürftigkeit, Autoritätssucht, Angst vor Verantwortung, mystischer Sehnsucht, sexuellem Elend, neurotisch-hilfloser Rebellion, ebenso wie krankhaft-widernatürlicher Duldsamkeit."[6]

Betrachten wir den Text einen Augenblick, denn es lohnt sich, zu erkennen, wie die Ideen geartet sind, die das Wertefundament der Gesellschaft zerstört haben, in der du heute lebst. Wie werden Werte ausgehebelt, wie wird das, was bislang als gut galt, schlecht gemacht?
Sittliche Normen der Sexualität werden *unausgesprochen* als sexualverneinend eingestuft, Sexualverneinung wird in einem Atemzug mit Lebensverneinung gleichgesetzt. Ein so erzogener Mensch erwirbt *Lustangst* – ein neuer Begriff, der suggeriert, daß jede Begrenzung von unmittelbarer Lustbefriedigung auf Angst beruhe. Diese Angst wird als *neurotisch*, also krankhaft, eingestuft. Und nun benutzt Reich die Keule der unbereuten Schuld der Nazis, die damals allen in den Knochen steckte: Lustangst ist die Kraftquelle der Diktatur.
Unter der sechstausend Jahre langen Herrschaft des Mannes über die Frau habe Lustangst den Menschen in Fesseln geschlagen und ihm einen Charakter verpaßt, unter dem die meisten Menschen leiden. Zwingend ergibt sich als Lösung: Lebe deine Lust aus und du wirst Gemeinschaft finden, deine Bedürfnisse selbst befriedigen können, Machtstreben und die Sehnsucht nach Übernatürlichem wird von dir abfallen, ein sexuelles Schlaraffenland wird sich dir auftun, und du wirst zu einem starken, revolutionären Kämpfer, der weder hilflose Rebellion noch widernatürliche Duldsamkeit kennt.

Dies ist das Strickmuster von Versuchung:

1. Du kannst deine leidvolle Situation ändern.
   (Unterdrückung der Frau)
2. Das, was vorher war, ist ethisch schlecht.
   (Sexualverneinung ist Lebensverneinung.)

3. Die sexuellen Begierden zu befriedigen, ist gesund.
   (Lösung von Muskelspannungen)
4. Es ist ethisch gut, dies zu tun.
   (Überwindung der Ursachen von Diktatur)

Das Modell für die Erziehung des neuen Menschen entwickelte A. S. Neill, ein lebenslanger Freund Wilhelm Reichs, der die heute noch existierende Schule „Summerhill" gründete. Erziehung ist das falsche Wort, denn Neill ging es um die Beendigung von Erziehung. Wie Reich glaubte er daran, daß die Natur in sich vernünftig sei, daß man also die Natur nicht erziehen dürfe, sondern ihr natürliches Wachstum nur vor Verbiegung schützen müsse. Das war die ideologische Basis der Kinderläden, die damals wie Pilze aus dem Boden schossen.

Das Buch von Neill, *Theorie und Praxis der antiautoritären Erziehung – das Beispiel von Summerhill,* erschien 1969 bei Rowohlt mit einer Auflage von 30 000 Exemplaren und bereits 1970 in zweiter Auflage. Natürlich kaufte ich die Bücher von Reich und Neill und eine Menge anderer regenbogenfarbiger Trendliteratur des Suhrkamp Verlages. Auch wenn ich sie nur ausschnittsweise oder gar nicht las, war das Kaufen ein Akt der Zustimmung, der für die neuen Ideen empfänglich machte.

Ich machte damals einen Besuch in der sogenannten „Kommune 2". Das waren ein paar langhaarige Studenten, die in den Medien große Beachtung fanden, weil sie geltende sittliche Normen mit großem Medienlärm brachen: Das Besitzstreben müsse aufgelöst werden, nicht nur das materielle, sondern auch das sexuelle. Es sei falsch, einen Partner nur für sich haben zu wollen. Alles sollte vergemeinschaftet werden, das Geld, die Partner, die Arbeit, um das Übel der bürgerlichen Kleinfamilie an der Wurzel auszureißen. Auch das Besitzrecht an Kindern müsse aufgehoben werden. Sie würden viel besser gedeihen, wenn die ganze Gruppe für sie verantwortlich sei. Es wäre eine Form bürgerlicher Repression, ihnen Sexualität vorzuenthalten. Sie sollten beim Sex der Erwachsenen dabeisein und vom Kleinkindalter an zur Befriedigung ihrer eigenen sexuellen Wünsche angehalten werden.

Ich kam in eine große Berliner Altbauwohnung. Weiße Dundee-Orange-Marmelade-Gläser dienten als Teetassen. Die Marmeladen-Marke ließ auf bürgerlichen Hintergrund schließen, die Benutzung als Teetasse auf „Umfunktionierung" – ein beliebtes Wort damals. In der Küche stapelte sich das dreckige Geschirr, die Mülleimer quollen über. An Menschen erinnere ich mich schattenhaft, nicht nur, weil mein Gedächtnis nicht mehr hergibt, sondern weil sie wie Schatten wirkten. Irgendein Typ rückte mir auf die Pelle und versuchte, mich zu betatschen. Danke, nein danke! Es war ein kurzer, einmaliger Besuch.

Aber immun war ich trotzdem nicht gegen den Virus, der das moralische Fundament der Gesellschaft in unglaublicher Geschwindigkeit zersetzte. Das geistige Immunsystem des Einzelnen war geschwächt, weil das Immunsystem der gesamten Gesellschaft durch die Nazivergangenheit schwer angeschlagen war.

Raus aus der „Sklaverei der Mutterschaft"

Ein Buch machte damals Furore und veränderte das Wertempfinden einer ganzen Generation: *Das andere Geschlecht* von Simone de Beauvoir. Es erschien in Deutschland 1968 im Rowohlt Verlag. Das Taschenbuch hatte bis 1983 eine Auflage von 300 000 erreicht. Wenn ein Buch, das die Wertebasis der Gesellschaft umstürzen will, einen solchen Erfolg hat, dann erreicht es sein Ziel. Es prägt bis heute das Bewußtsein und das Handeln der Personen und Organisationen, die auf der höchsten Ebene der EU und UN erfolgreich dafür kämpfen, daß die Ziele von Simone de Beauvoir globale Realität werden.

Simone de Beauvoir trat ihren Kampf mit einer erstaunlichen These an: „Man kommt nicht als Frau zur Welt, man wird es."[7] Das soll heißen: Der biologische Geschlechtsunterschied zwischen Mann und Frau ist unerheblich. Alle Unterschiede in der sozialen Rolle sind konditioniert, also angelernt, und zwar von einer patriarchalen Gesellschaft, welche die Frau über Jahrtausende unterdrückt und ausgebeutet hat und weiter unterdrücken und ausbeuten will. Die Idee, daß es das „Ewig-Weibliche" gebe, sei das Vehikel der Unterdrückung.

Alles, was bisher der Frau zugeordnet war und eine hohe Wertschätzung genoß, wird auf 715 Seiten niedergemacht: die Mutter, die Sexualität, die Schwangerschaft, das Kind, die Ehe, die Familie. Ehe und Mutterschaft werden als Sklaverei darge-stellt, denen es zu entfliehen gelte. Die Methode besteht darin: Schlimmen Mißbrauch so drastisch zu beschreiben, daß sich das Gerechtigkeitsgefühl des Lesers empört, dann diesen Mißbrauch als Norm hinzustellen und dagegen zum Kampf zu blasen.

Das Kind ist es, das die Mutter in der Sklaverei hält, deswegen ist die zentrale Forderung Simone de Beauvoirs die Legalisierung der Abtreibung. Alle Gründe, die dagegen sprechen, den Fötus im Mutterleib zu töten, werden als Heuchelei und Unterdrückung der Frau diffamiert. Das ungeborene Kind wird mit Worten beschrieben, die das Empfinden, daß es sich um einen kleinen Menschen handelt, aushebeln. Zum Beispiel: Die Frau empfindet die Schwangerschaft „gleichzeitig als eine Bereicherung und als eine Verstümmelung. Der Fötus ist ein Teil ihres Körpers und auch wieder ein Parasit, der auf ihre Kosten lebt.” (S. 482)

„Jede Mutter hat die Vorstellung, daß ihr Kind ein Held sein wird ... Aber sie fürchtet auch, mit einem Schwächling und Ungeheuer niederzukommen, weil sie die scheußliche Zufälligkeit des Körpers kennt, und dieser Embryo, der in ihr haust, ist ja nichts wie Fleisch.” (S. 483)

Zwar ist die Legalisierung der Abtreibung absolut notwendig, damit die Frau „als Herrin über ihren Leib verfügt” (S. 33), um dann dem Mann in jeder Hinsicht gleich zu werden; daß sie aber nicht alle Probleme löst, weiß auch Simone de Beauvoir. Sie träumt deswegen davon, daß die künstliche Befruchtung die letzte Vollendung sein wird, um der Frau die Herrschaft über die Fortpflanzungsfunktion zu geben. (S. 33), und daß nach der Geburt „das Kollektiv” die Betreuung der Kinder übernehmen werde. Denn: „Dieses gegenseitige Zueinandergehören [von Mutter und Kind] stellt in Wirklichkeit nur eine doppelte, verhängnisvolle Unterdrückung dar.” (S. 508) „Die Pflege, die Aufsicht und Erziehung der Kinder [ist] außerhalb des Hauses zu sichern. Hier liegt eine soziale Lücke vor.”

So sieht die Vision von Simone de Beauvoir aus:

„Eine Welt, in der Mann und Frau gleich sind, kann man sich leicht vorstellen. Denn es ist genau die Welt, welche die sowjetische Revolution *versprochen* hatte: Die Frauen würden genau wie die Männer erzogen und geformt, sie arbeiteten unter den gleichen Bedingungen und um den gleichen Lohn ... jedenfalls soll jede geschlechtliche und kastenmäßige Grenze wegfallen.

Die sexuelle Freiheit würde von den Sitten gestattet, aber der Geschlechtsakt würde nicht mehr als ein *Dienst* angesehen werden, der sich bezahlt macht. Die Frau würde *genötigt* sein, sich einen anderen Lebensunterhalt zu sichern. Die Ehe würde auf einer freien Vereinbarung beruhen, welche die Gatten aufkündigen könnten, sobald sie wollten. Die Mutterschaft wäre frei, d. h. man würde die Geburten-Beschränkung und die Abtreibung gestatten und dafür allen Müttern und ihren Kindern genau dieselben Rechte geben, ob sie verheiratet sind oder nicht, Schwangerschaftsurlaub würde von der Kollektivität bezahlt werden, welche die Betreuung der Kinder übernähme. Das soll nicht heißen, daß man sie den Eltern *entziehen*, sondern daß man sie ihnen nicht *ausliefern* würde." (S. 675)
Damit diese Wunschvorstellung Simone de Beauvoirs plastisch wird, wollen wir sie aus dem Blickwinkel des Kindes betrachten. Wir waren ja alle mal Kinder, auch Simone de Beauvoir, die ihr Buch nicht hätte schreiben können, wenn ihre Mutter sich entschieden hätte, das „blutige Etwas" in ihrem Leib zu entfernen.
Tanja, Mitte zwanzig, könnte einem Therapeuten ihre Lebensgeschichte so erzählen:
„Ich war ein Wunschkind. Vor mir hat meine Mutter einige Kinder abgetrieben. Aber *ich* war ein Wunschkind. Meine Mutter ist ein sehr freier Mensch, wissen Sie. Freiheit ist ihr das allerwichtigste. Sie will selbst über sich und ihren Körper bestimmen. Nachdem sie mit 45 doch noch ein Kind haben wollte, hat sie sich den Samen von einem Mann besorgt, den sie cool fand. Ich kenn ihn nicht, ist ja auch egal. Dann hat sie sich ein paar Eier rausnehmen und im Labor befruchten lassen. Das dritte, das man ihr eingesetzt hat, war ich. Sie hat

mir öfters erzählt, wie grauenhaft die Schwangerschaft war. Zeitweise hatte sie das Gefühl, daß ich ein Parasit bin, der ihr die Kraft raussaugt. Sie mußte ja auch die meiste Zeit arbeiten. Schließlich verdient sie ihr Geld selber und ist von niemandem abhängig.
Meine Geburt war der Horror für meine Mutter. Und dann die Schreierei nächtelang. Meine Mutter sagt: Überleg dir gut, ob du dir das antun willst. Aber sie konnte mich bald in die Krippe abgeben. Ich weiß ja auch nicht, ob meine Mutter so gut für mich gewesen wäre. Sie war ziemlich hysterisch, hat wegen jeder Kleinigkeit rumgeschrien. Nach der Krippe kam ich dann in den Kinderladen. Da ging's drunter und drüber. Wir durften tun, was wir wollten, die Wände beschmieren, mit den Buben nackt unter der Decke spielen. Meine Mutter hat mich mittags abgeholt und ist dann gleich wieder in die Arbeit. In der Schule war das nicht mehr nötig, weil die den ganzen Tag dauerte.
Na ja, dann hat sie irgendwann einen Kerl kennengelernt, den hat sie geheiratet. Ich weiß eigentlich nicht, warum, denn die beiden waren sich einig, daß jeder noch andere haben darf. Ich mochte ihn eigentlich ganz gern, aber als ich zwölf war, ist er gegangen, und ich habe nie wieder was von ihm gehört.
Meiner Mutter ging's dann immer schlechter. Sie schmeißt dauernd irgendwelche Pillen ein. Plötzlich fängt sie an, sich an mich zu klammern, sie ruft jeden Tag an. Das pack ich nicht. Ich hab mit mir selbst genug zu tun. Ich weiß einfach nicht, wie ich aus den Depressionen rauskommen soll. Manchmal denke ich, am besten, du wirfst dich vor den Zug."
Simone de Beauvoir ging es nicht viel besser, nur daß sie damit berühmt wurde und dazu beitrug, daß das Leben von Millionen

von Kindern durch das Zerbrechen der Familie schwer beeinträchtigt wurde.
Simone de Beauvoir war die Lebensgefährtin des berühmten existentialistischen Philosophen Jean Paul Sartre. Im Lexikon steht: „Sartre sieht in betont atheistischer Wendung den Menschen als zur Freiheit verurteilt, der sich in unüberwindbarer Subjektivität den Sinn seiner Existenz selbst geben muß." Das bestimmende existentielle Erlebnis ist für Sartre der Ekel, worüber er auch einen Roman geschrieben hat.
Ihm begegnete Simone de Beauvoir als 21jährige Studentin. Sie schließen einen Pakt: Sie wollten beide völlig frei bleiben in der Partnerwahl, ohne einander je zu belügen – was Sartre jedoch hemmungslos tut – oder etwas voreinander zu verbergen. Sie hatten nie für längere Zeit eine gemeinsame Wohnung und siezten sich bis zum Lebensende. Sartre pflegte sein Image als eheloser, kinderloser, familienloser Philosoph. Beide wollten keine Kinder.
„Meine Beziehung zu Sartre war solcher Art ..., daß ich nie den Wunsch nach einem Kind hatte. Ich hatte keine große Lust, eine Reproduktion von Sartre zu haben, mir genügte er selbst! Und auch keine Lust, eine Reproduktion von mir zu haben: Ich genügte mir."[8]
Um bei dieser Selbstgenügsamkeit bleiben zu können, trieb sie zwei Kinder ab und startete Anfang der siebziger Jahre eine Selbstbezichtigungskampagne prominenter Frauen, die öffentlich zugaben, abgetrieben zu haben, um die Freigabe der Abtreibung durchzusetzen. Simone de Beauvoir stellte ihre Wohnung zur Durchführung von Abtreibungen zur Verfügung.
Außer den „Zufallslieben", an die sich Simone von Anfang an gewöhnen muß, nimmt Jean-Paul ab 1934 Olga mit in den

Pakt auf. *Sie kam und blieb* – so der Titel eines Romans, den Beauvoir über diese Zeit schrieb – fünf Jahre lang.
Simone tut das alles nicht gut. Sie wird depressiv und aggressiv, nimmt Medikamente und wird immer wieder schwer krank. „Es gab Augenblicke, in denen ich mich fragte, ob mein Glück nicht auf einer ungeheuren Lüge beruhe."[9] Aus dem autobiographischen Roman wird deutlich, „wie aus der lebensfreudigen, offenen jungen Frau zusehends ein von Mißtrauen gejagter, von Haß und Angst erfüllter Mensch wird. Auch schon geringfügige Anlässe genügten, hysterische Anwandlungen hervorzubringen, wie sich beispielsweise an den Weinkrämpfen sehen läßt."[10]
Simone gerät in völlige Abhängigkeit von Sartre, dem Garanten ihres Ruhmes. Sie befindet sich in einer typischen Double-bind-Situation, das heißt, es gibt keine gute Lösung: Wenn sie ihrem Haß auf Sartre nachgibt, muß sie sich von ihm trennen und verliert ihre Rolle als Lebensgefährtin des berühmten Philosophen, mit dem sie der Welt das Modell des befreiten Menschen vorlebt. Wenn sie diese Rolle beibehält, bezahlt sie mit seelischer und körperlicher Krankheit, kurz mit dem Verlust der Liebe. Sie wählt Letzteres und benutzt ihre Intelligenz und Begabung, um aus ihrer persönlichen Not eine Ideologie zu machen, die sie in *Das andere Geschlecht* der Welt präsentiert.

Kultur des Todes

Das Buch wurde zur Bibel des radikalen Feminismus, der in allen westlichen Gesellschaften Fuß gefaßt hat und die Gesellschaft prägt, in der wir heute leben. Damals, in den siebziger

Jahren, hätte kaum einer für möglich gehalten, daß die menschenverachtende Vision von Simone de Beauvoir in wenigen Jahrzehnten gesellschaftliche Wirklichkeit wird.
Die gewählten Volksvertreter der letzten dreißig Jahre haben es sich zur Aufgabe gemacht, mit dem Preßlufthammer der Gesetzgebung in das Fundament der Gesellschaft Risse zu treiben, in welchen sich das klebrige Pech der Sexualisierung ausbreiten kann.

Die Eckpunkte sind:

° Freigabe der Pornographie 1971
° Sexualerziehung in den Schulen seit 1972 als Pflichtfach
° Schrittweise Liberalisierung der Scheidung
° Faktische Freigabe der Abtreibung
° Lebenspartnerschaftsgesetz, im Volksmund „Homo-Ehe", zur Jahrtausendwende
° Abschaffung der Sittenwidrigkeit der Prostitution und deren Anerkennung als sozialversicherter Beruf 2002
° Stiefkindadoption für homosexuelle Paare (wurde wegen Regierungswechsel nicht mehr beschlossen)
° Das Allgemeine Gleichbehandlungsgesetz 2006 („Antidiskriminierungsgesetz)

Der Kampf um die Anerkennung der Pädophilie hat begonnen.

All diese Gesetze haben ein Ziel: die Sexualität ihrer reproduktiven Funktion zu berauben, um sie, genauer den Menschen, für die reine Lustbefriedigung verfügbar zu machen. Die Befriedigung bleibt zwar aus, wie Umfragen zeigen, aber dennoch bringen wir für dieses Ziel ungeheure Opfer – Menschenopfer. 260 000 Frauen töten im Jahr in Deutschland das Kind, das in ihnen heranwächst, und das sie ein paar Monate später mit bedingungsloser Liebe und grenzenlosem Vertrauen anlächeln würde, wenn es nicht im Leib seiner Mutter zerstückelt, abgesaugt und in den Müll geworfen würde.

Die logische Folge ist, daß der Anteil der Kinder an der Bevölkerung, wie wir gesehen haben, dramatisch sinkt. 1965 gab es in Deutschland noch einen Geburtenüberschuß (Differenz zwischen Todesfällen und Geburten) von 417 504. Dieses Plus an Geburten verkehrte sich – zeitgleich mit der Verbreitung der Pille – innerhalb von sieben Jahren in einen Sterbeüberschuß von 62 032 (1972), der innerhalb von drei Jahren auf 207 339 anstieg und heute bei einem Überhang von 147 225 Todesfällen über den Geburten liegt.

Seit ein paar Jahren sind die Medien voll mit schlechten Nachrichten über die demographische Wende. Es gibt eine Flut von wissenschaftlichen Analysen, Büchern, internationalen Konferenzen. Aber zwei Worte tauchen dabei nicht auf: Verhütung und Abtreibung.

Wenn eine Gesellschaft erkennt, daß sie auf Aussterbekurs liegt, dann würde man vernünftigerweise vermuten, daß die Verantwortlichen alles tun, um die Weichen in Richtung Leben zu stellen. Aber was geschieht? Den Kindern wird in der Schule beigebracht, wie sie Kinder verhüten können, anstatt sie auf Ehe und Familie vorzubereiten. Der Gesetzgeber und die Richter räumen alle gesetzlichen Hindernisse der Tötung des Kindes im Mutterleib aus dem Weg. Die katholische Kirche in Deutschland kämpft jahrelang zäh gegen den Papst um das Recht, den Schein ausstellen zu dürfen, den eine Frau braucht, um abtreiben zu können. Die Krankenkassen übernehmen, vom Staat subventioniert, die Tötungskosten, was die Steuerzahler

Millionen kostet. Das Parlament verabschiedet ein Gesetz, das homosexuelle Partnerschaften in jeder Hinsicht der Ehe gleichstellt, und leitet so den Trieb, der den Menschen zur Fortpflanzung drängt, in unfruchtbare Bahnen. Der Staat gestaltet die Steuer- und Sozialgesetzgebung so, daß Familien um so mehr in die Armut getrieben werden, je mehr Kinder sie haben.
Auch wenn es keinen Einfluß auf die Geburtenrate hat, so doch auf das geistige Klima: Mächtige Interessengruppen drängen darauf, Embryonen – das sind kleine Menschen – für die Forschung „verbrauchen" zu dürfen, um daraus Ersatzteile für kranke Organe zu züchten, damit reiche Alte noch älter werden können.

Alles ziemlich crazy – meinst du nicht?

Verhütung und Abtreibung – ein Freiheitsrecht?

Verhütung ist das Selbstverständlichste, was es gibt. Jedes Kind lernt mit neun oder zehn Jahren in der Schule, wie das geht. Mit dem Kondom oder der Pille oder der Spirale oder der Pille danach. Daß die letzten beiden Abtreibungsmittel sind, bleibt im Unklaren. Wenn ein junges Mädchen nach der ersten Monatsblutung zum erstenmal zum Frauenarzt geht, bekommt es die Pille ohne weiteres verschrieben.

Der Spiegel schrieb in seiner Titelgeschichte *Der letzte Deutsche. Auf dem Weg zur Greisenrepublik. Land ohne Lachen* (Nr. 2, 2004):

„Unstrittig ist, daß die Einführung der Anti-Baby-Pille in den Sechzigern und auch die Liberalisierung des Abtreibungsrechts (Motto: 'Mein Bauch gehört mir') wichtige Voraussetzungen für den Geburtenschwund geschaffen haben. Erstmals war es Frauen möglich, ohne Bevormundung durch Pfarrer oder Richter die Kinderzahl selbst zu bestimmen – ein Fortschritt, den heute nur rechte Außenseiter zurückdrehen wollen."

Die politisch korrekten Haltungen des Mainstreams hören sich so an:

Eltern, Lehrer, Schulräte: Es geht doch nicht, daß die Kinder schwanger werden, bevor sie volljährig sind. Und selbst das ist noch viel zu früh. Die müssen doch erst mal auf eigenen Beinen stehen. Sie haben ein Recht auf ihre Sexualität. Gut, daß sie frühzeitig aufgeklärt werden. Außerdem ist da die AIDS-Gefahr. Sie müssen einfach ganz klar wissen, wie sie Safer Sex praktizieren können.

Mutter und Vater: So eine junge Liebe ist doch etwas Schönes. Besser, unsere Tochter bringt ihren Freund nach Hause, als daß wir gar nicht wissen, mit wem sie zusammen ist. Ich kann doch meinem Sohn keine Vorschriften machen. Ein junger Mann braucht Erfahrungen.

Mädchen zwischen 14 und 18: Ich will auch einen Freund. Alle haben einen Freund. Ich hab den Dany soo lieb. Na klar, verhüte ich. Ich nehme die Pille schon, seit ich 14 bin. Sonst müßte ich ja abtreiben, wenn was passiert. Das will ich nicht.

Junge zwischen 12 und 18: Hat nicht hingehauen mit der Steffi. Ob ich vielleicht schwul bin? Könnte ich ja mal ausprobieren ... Klar, Safer Sex, gibt ja Kondome in der Schule.

Pfarrer: Schweigt.

Und wenn doch was passiert, weil du die Pille dummerweise vergessen hast oder weil die Lust einfach so groß war, daß ihr diesen blöden Gummi nicht benutzen wolltet?

Wenn was schief geht? Was dann?

Mädchen: Ich kann doch unmöglich mit 15 ein Kind bekommen. An Kinder kann ich noch gar nicht denken. So viel Verantwortung! Ich weiß gar nicht, ob ich überhaupt Mutter werden will. Ich möchte lieber einen Beruf, der mir Spaß macht.

Junge: Was, du bist schwanger? Vater – ich? Jetzt? Auf keinen Fall. Komm, da gibt es Adressen. Das ist keine schlimme

Sache. Du brauchst bloß eine Beratung, dann kriegst du den Schein, und dann läßt du das wegmachen.
Mädchen: Ich will nicht abtreiben. Aber ich kann nicht anders. Mit dem Typ, mit dem ich nach der Party geschlafen habe, mit dem will ich doch wirklich nicht zusammenbleiben. Der ist erst sechzehn, der will überhaupt nichts damit zu tun haben. Meine Mutter sagt, das ist viel zu früh. Sie will jetzt nicht wieder mit einem kleinen Kind anfangen. Mein Vater hat gar nichts erfahren. Sie hat mich zu Pro-Familia geschickt. Die haben gesagt, Familie wäre etwas Schönes, aber man müßte bereit dafür sein. Ich sollte mich einfach frei entscheiden. Es wäre nicht so schlimm, nur ein kleiner Eingriff. Sie gaben mir gleich die Adresse ihrer Abtreibungspraxis.
Denkst du so oder so ähnlich über diese Fragen? Denken deine Freunde und Freundinnen so darüber? Deine Eltern? Verhütung ist so normal wie das Abschließen der Haustüre. Und wenn doch etwas schiefgeht? Dann gibt es zur Not immer noch die Abtreibung. Abtreibung ist die Fortsetzung der Verhütung mit anderen Mitteln, wenn man vergessen hat, die Türe abzuschließen, und jemand Unerwünschtes in die Wohnung gekommen ist.
Wer ist unerwünscht? Wer wird verhütet? Wer wird getötet? DAS KIND.
Wir haben über das bevorstehende Elend der Vergreisung gesprochen. Ich vermute, daß auch du bisher keinen Zusammenhang zwischen deiner persönlichen Entscheidung über sexuelle Beziehungen, Verhütung, Abtreibung, Familie und Kinder auf der einen Seite und der Bevölkerungsentwicklung auf der anderen Seite gesehen hast. Wie könntest du auch?! Dieser Zusammenhang wird systematisch verdunkelt.

Vermutlich fühlst du den Konflikt in deinem eigenen Herzen: Ohnmacht, Angst und Wut über die Zerstörung der Zukunft. Gleichzeitig sträubt sich in dir alles dagegen, auf sexuellem Gebiet Einschränkungen deiner Freiheit hinzunehmen.
Niemand schränkt deine Freiheit ein. Worum es in diesem Buch geht, ist, welchen Gebrauch du von der Freiheit machst, die du besitzt.
Die Folgen der Verhütungs- und Abtreibungsgesellschaft werden jeden treffen, dich und mich. Deswegen:

WAKE UP! Du wirst gebraucht!

Ein Weckruf 1968: Humanae Vitae

Schon 1968 hat es einen Weckruf gegeben, den niemand hören wollte: die Enzyklika von Papst Paul VI. mit dem Titel: *Humanae Vitae – Über die rechte Ordnung der Weitergabe menschlichen Lebens*. Sie erschien genau in dem Jahr, in dem von meiner Generation der Großangriff auf das Wertefundament der Gesellschaft gestartet wurde.

Der erste Absatz lautet: „Die überaus ernste Aufgabe, menschliches Leben weiterzugeben, durch die die Gatten freie und bewußte Mitarbeiter des Schöpfergottes sind, erfüllt sie immer mit großer Freude, doch ist die Freude vielfach mit nicht geringen Schwierigkeiten und Bedrängnissen verbunden."

Die Bedrängnis, die den Papst dazu bringt, einen ethischen Pflock einzuschlagen, wurde damals und heute als Befreiung empfunden: nämlich die Verfügbarkeit der Pille. Sie ermöglichte es den Frauen, sich aus der Mutterschaft zu „befreien", die Simone de Beauvoir für Sklaverei hielt.

Daß es diesem oralen Empfängnisverhütungsmittel sprachlich gelungen ist, zur Pille aller Pillen zu werden, zeigt an, daß es um etwas Zentrales geht: eben um die Weitergabe des menschlichen Lebens.

Solltest du Widerstand in dir spüren, wenn du „Papst" hörst und „Gatte" und „Schöpfergott" , so bitte ich dich, trotzdem weiterzulesen. Dieser Widerstand liegt in der Luft, die du atmest. Es kommt dir so vor, als wäre er auf deinem eigenen Mist gewachsen, aber er ist eine Ausdünstung des Zeitgeistes, den du hinterfragen solltest, wenn du wirklich eine eigene Meinung haben willst. Eine Frage an den Zeitgeist, die seinen wahren Charakter schnell entblößt, ist: „Wie sieht das Leben in zwanzig, dreißig, vierzig, ja fünfzig oder sechzig Jahren aus, wenn wir tun, was der Zeitgeist uns als gut und richtig hinstellt?" Meine Generation hat diese Frage nicht gestellt. Entscheidungen auf ihre Zukunftstauglichkeit zu prüfen und damit Verantwortung für die nächste(n) Generation(en) zu übernehmen, verträgt sich nicht mit dem vierjährigen Wahltakt der Demokratie. Die Folgen sind verhängnisvoll. Sie treffen auch noch uns, die wir nun allmählich in Rente gehen, aber ihr müßt sie ein Leben lang tragen.

1960 kam die Pille auf den amerikanischen Markt und trat von dort aus ihren Siegeszug um die Welt an. „Der Vater der Pille", der Bulgare Djerassi, ist stolz darauf, mit seiner Erfindung Sexualität und Reproduktion entkoppelt zu haben. Er selbst bezeichnet sich als „beruflichen Polygamisten". 1961 brachte der Chemiekonzern Schering die Pille auf den deutschen Markt und machte damit das Megageschäft.

Weltweit wurde die Pille als Errungenschaft des medizinischen Fortschritts gepriesen. Endlich hatten wir Frauen ein Mittel in der Hand, uns vor ungewollten Schwangerschaften zu schützen – nur täglich eine kleine Pille schlucken, und wir sind frei, darüber zu bestimmen, wann und wie oft und mit wem wir uns sexuell einlassen wollen. Vor der Pille war es eine ernste Entscheidung, denn für die Frau konnten lebenslange Konsequenzen daraus entstehen: ein Kind, ein lebendiger Mensch, für den sie immer verantwortlich sein würde. Nun endlich keine

Angst mehr! Hurra! Wir können Kinder sicher *verhüten.* Ist das nicht wirklich eine große Befreiung, die wir um keinen Preis mehr aufgeben wollen?
Nun, so war die allgemeine Erwartung, würden die Ehen besser, es würde weniger uneheliche Kinder und weniger Abtreibungen geben. Logische, vernünftige Erwartungen, nicht wahr?
In diese Situation, in der alle Welt die technische Beherrschbarkeit der Fruchtbarkeit der Frau bejubelte, platzte eine Bombe: die Enzyklika *Humanae Vitae*, die von Papst Paul VI. gegen den Widerstand nicht nur der weltweiten öffentlichen Meinung, sondern seiner eigenen Kurie verkündet wurde. Der Papst hatte ganz andere Erwartungen:

1. Die künstliche Empfängnisverhütung könnte einen „breiten und leichten Weg zur ehelichen Untreue und allgemeinen Aufweichung sittlicher Zucht auftun".
2. Männer könnten die Ehrfurcht vor der Frau verlieren und sie zum bloßen Werkzeug ihrer Triebbefriedigung erniedrigen.
3. Man gäbe staatlichen Behörden gefährliche Macht in die Hand, sich über sittliche Grundsätze hinwegzusetzen.

Paul VI. sagte nach der Verkündigung dieser Enzyklika: „Noch nie haben wir mit solcher Schärfe wie bei dieser Gelegenheit die Last unserer Aufgabe im Dienste der gesamten Menschheit gefühlt ... wir möchten in der Tat hoffen, daß alle, besonders die christlichen Eheleute – auch wenn sie den Eindruck haben, daß unser Wort schwer zu erfüllen ist – es verstehen mögen, daß nur die Treue zum Denken Christi diese scheinbare Strenge motiviert hat."
Die Folgen der Pille sind, wie wir gehört haben, weit schlimmer, als es Paul VI. damals vorausgesehen hat:

- Die Geburten haben sich zwischen 1965 und 1975 fast halbiert. Es kam zum sogenannten „Pillenknick".
- Die Abtreibung wurde zur Fortsetzung der Verhütung mit anderen Mitteln.
- Die Scheidungen verdoppelten sich in nur 10 Jahren.
- Sex vor der Ehe und eheloses Zusammenleben sind zur Norm geworden.
- Pornographisierung der gesamten Gesellschaft
- Anstieg von Unfruchtbarkeit, Brustkrebs, Depression

Die Vergreisung der Bevölkerung hat der Papst allerdings noch nicht vorausgesehen. Zu groß war der Schock über die Prognosen der Bevölkerungsexplosion, der die wohlhabenden Industrieländer fürchten ließ, von den ausgebeuteten Habenichtsen der Entwicklungsländer über den Rand der Erde gestoßen zu werden. Es war einfach nicht vorstellbar, daß in so kurzer Zeit die Fortpflanzung des Menschengeschlechts in den Industrienationen gefährdet werden könnte.

Heute, gut dreißig Jahre später, zeigt sich, daß *Humanae Vitae* ein prophetisches Dokument war, ein Zeugnis für die Führung des Papstes durch den Heiligen Geist.

Dem Papst ging es nicht darum, den Menschen die Freude an der Sexualität zu nehmen. Im Gegenteil! Es ging ihm darum, die Sexualität in die Schöpfungsordnung einzubinden, damit sie dem Leben, dem Menschen, der Liebe dient, anstatt das Leben, den Menschen und die Liebe zu zerstören.

Daß dies durch die Entfesselung der Sexualität aus jeder ethischen Begrenzung geschieht, ist offenkundig.

Niemand kann mehr leugnen, daß wir am Rand des demographischen Abgrunds stehen. Warum dürfen wir die Ursachen nicht beim Namen nennen? Die Antwort ist einfach: weil die meisten von uns darin verstrickt sind. Wer will die eigene Schuld erkennen, bereuen und umkehren?

Da dies die meisten Menschen nicht wollen, ist jene Institution, die ethische Grundsätze, insbesondere in Sachen Sexualität, vertritt, zum bevorzugten Watschenmann der Medien geworden: die katholische Kirche, allen voran der Papst.

Es könnte sein, daß du diese *Vor*-Urteile teilst. Dir werden, wenn du *katholisch* hörst, sofort ein paar Worte einfallen, nämlich: Kreuzzüge, Hexenverbrennung, Inquisition, Frauenpriestertum und Zölibat. Ich will diese Punkte an dieser Stelle nicht diskutieren, ich will dich nur fragen:

Hast du dich mit Kirchengeschichte befaßt? Weißt du etwas über Heilige und Märtyrer? Hast du schon einmal ein Schreiben von Papst Johannes Paul II. gelesen? Kennst du junge Leute, die aus der Gemeinschaft mit Christus freudig und hoffnungsfroh leben?

Wenn nicht, dann bitte ich dich: Warte ein bißchen mit diesen Urteilen! Der gegenwärtige Papst ist ein Papst der Jugend. Seit 1986 ruft er die Jugend der Welt alle zwei Jahre auf verschiedenen Kontinenten zu einem Weltjugendtag zusammen. Im Jahr 2000 kamen zwei Millionen nach Rom. Ich war auf dem Petersplatz dabei, als sie dem Heiligen Vater zujubelten:

JOHN PAUL TWO, WE LOVE YOU.

Warum? Weil er ein Mann der Hoffnung ist. Weil er glaubwürdig ist. Weil er die Jugend liebt. Weil er den Vater verkörpert, der im Leben so vieler junger Menschen fehlt.

Was Paul VI. in seiner Enzyklika Humanae Vitae nur angerissen hat, das hat Johannes Paul II. in allen Einzelheiten in seiner „Theologie des Leibes" entfaltet.

Bevor wir darauf zu sprechen kommen, muß ich von einer Untersuchung berichten, die ein Engländer namens J. D. Unwin im Jahre 1936 veröffentlicht hat. Sie heißt: *Sex and Culture*. Er wollte wissen, wie Sexualität und Kultur zusammenhängen. Er hat erstaunliche Zusammenhänge entdeckt.

Sex and Culture – die Untersuchung von J. D. Unwin

Der Anthropologe J. D. Unwin war ein Gelehrter an der Universität Oxford. Sein großes Werk *Sex and Culture* wurde 1934 von der Oxford University Press veröffentlicht. Zwei Jahre später starb er. Was er entdeckt hat, ist von brennender Aktualität. Seine Erkenntnisse sind Sprengstoff für eine Gesellschaft, die den Werteverfall ebenso laut beklagt, wie sie das Festhalten an Werten bekämpft. Das Werk hat 675 Seiten, von denen ein Drittel Anmerkungen sind. Es handelt sich um eine solide wissenschaftliche Untersuchung.[11]

Zur Zeit Unwins wurden die Ergebnisse der neu aufgekommenen Psychoanalyse heiß diskutiert. Sigmund Freud hatte von der menschlichen Psyche den Deckel abgehoben und seinen Tiefenblick ins Un- und Unterbewußte gerichtet, wo er vor allem dem verdrängten Sexualtrieb auf die Spur kam. Einerseits hatte er bei seinen Patienten entdeckt, daß diese Verdrängung die Ursache ihrer psychischen Erkrankungen war; andererseits stellte er fest, daß gerade der Verzicht auf Triebbefriedigung der Antrieb der Zivilisation ist. Wenn die sozialen Normen eine direkte Triebbefriedigung verbieten, dann entsteht ein innerer Konflikt, der Energie erzeugt. Mit dieser Energie wird Zivilisation geschaffen – in der Sprache der Psychoanalyse: Der Trieb wird sublimiert.

Sigmund Freud: „Wir glauben, daß die Zivilisation durch den Verzicht auf die Befriedigung primitiver Impulse aufgebaut wird und daß sie ständig wieder neu geschaffen wird, wenn ein Individuum die Befriedigung seiner instinktiven Begierden für das Allgemeinwohl opfert."[12]

Unwin vermißte bei Freud den empirischen Beleg für diese These und machte sich daran, sie gründlich zu überprüfen. Seine Ergebnisse waren keineswegs eine Bestätigung seiner persönlichen Überzeugungen. Unwin sagt: „Hätte ich erkennen müssen, wie sehr ich meine persönliche Philosophie als Ergebnis dieser Studie ändern mußte, dann hätte ich vielleicht gar nicht begonnen. Ich war so weit davon entfernt, eine persönliche Überzeugung illustrieren zu wollen, daß ich mich immer gegen die Schlußfolgerungen sträubte, die mir das Material aufzwang." (S. VII)

Unwin untersuchte achtzig „unzivilisierte Gesellschaften" und die Hochkulturen der Babylonier, Sumerer, Athener, Römer, Angelsachsen und Engländer, um die Frage zu klären: Welchen Einfluß haben die sexuellen Normen einer Gesellschaft auf die Höhe der Kultur?

Das Ergebnis in einem Satz: Je größer die sexuelle Beschränkung, um so höher das kulturelle Niveau; je geringer die sexuelle Beschränkung, um so niedriger das kulturelle Niveau. Von dieser Regel gibt es keine Ausnahme.

Kulturen treten dann auf die Bühne der Geschichte, wenn sie die Möglichkeit zur sexuellen Triebbefriedigung stark begrenzen, und sie treten von der Bühne der Geschichte ab, wenn sie die Sexualität auf das tierische Niveau der ungezügelten Triebbefriedigung absinken lassen.

Unwin teilt die Gesellschaften in drei Kategorien ein, je nachdem, welche Beziehung eine Gesellschaft zu den unsichtbaren Kräften des Universums hat:

1. Deistische Kulturen (deus = Gott): Kulturen mit Gottesverehrung in Tempeln durch Priester.
2. Manistische Kulturen (manes = Vorfahren): Kulturen ohne Gottesverehrung, mit Ahnenverehrung
3. Zoistische Kulturen (zoon = Tier): Kulturen ohne Gottes- und ohne Ahnenverehrung, mit magischer Natur- und Tierverehrung.

Außerdem gibt es noch rationalistische Kulturen, denen immer die deistische Stufe vorausgeht und die eine besonders kurze Lebensphase haben.
Unwin stellt fest, daß ohne Ausnahme folgendes gilt:

1. Zoistische Gesellschaften gewähren vor der Heirat völlige sexuelle Freiheit.
2. Manistische Gesellschaften schränken die sexuelle Freiheit ein.
3. Deistische Gesellschaften verlangen voreheliche Keuschheit und Monogamie.

Den entscheidenden Faktor des sozialen Wandels von Kulturen sieht Unwin in der Veränderung der Sexualnormen.
Der Wandlungsprozeß einer Gesellschaft nach oben oder unten dauert drei Generationen, das heißt: Wenn eine Gesellschaft drei Generationen lang völlige sexuelle Freiheit vor der Ehe gewährt, dann sinkt sie auf das unterste zoistische Niveau der Natur- und Tierverehrung.
Diesen Zustand beschreibt Unwin so:
„Solange die Dinge glattgehen, essen die Leute, trinken, tanzen,

kopulieren und schlafen; sie arbeiten nur, damit ihr Bauch voll ist und sie ihre organischen Bedürfnisse befriedigen. ...” Wenn etwas schiefgeht, wenden sie sich an Zauberer und Magier, die mit Zauber und Gegenzauber die Welt wieder in Ordnung bringen. Sie leben in einer Atmosphäre sorgloser Lustbefriedigung; und wenn sie ein Bedürfnis fühlen, befriedigen sie es sofort.” (S. 345–348)[13]

Der Aufstieg von der zoistischen Ebene auf die nächst höhere Ebene ist von allen Wandlungsprozessen der schwierigste.

„Die Einführung partieller sexueller Enthaltsamkeit in eine Gesellschaft, die an sexuelle Freiheit gewöhnt ist, ist die wichtigste und die schmerzhafteste aller sozialen Revolutionen.” (S. 354)

Unwin erklärt den Prozeß so:

„Jede menschliche Gesellschaft besitzt potentielle soziale Energie. Aber sie verwirklicht sich nur dann und in dem Maß, indem auf Lustbefriedigung verzichtet wird. Die soziale Energie entsteht aus dem emotionalen Konflikt, der bei einem Verzicht auf Triebbefriedigung unausweichlich ist. Dieser Konflikt erzeugt neue Ideen und Gedanken, die zu neuen Handlungsweisen führen.” (S. 317)

„Die Menge der Energie und die Tiefe des Denkens hängen ab vom Maß der Einschränkung, die diese sozialen Normen auferlegen. Wenn die obligatorische Enthaltsamkeit groß ist, dann verfügt die Gesellschaft über große Energie; wenn sie klein ist, hat sie wenig Energie. Wenn es gar keine Einschränkung gibt, hat sie gar keine Energie; sie bleibt Potential.” (S. 339)

„Deswegen muß die Begrenzung der sexuellen Triebbefriedigung als die Ursache des kulturellen Fortschritts betrachtet werden.” (S. 317)

„In den Annalen der Geschichte gibt es kein Beispiel einer Gesellschaft, die über einen gewissen Zeitraum hohe soziale Energie hatte, außer sie war absolut monogam. Darüber hinaus kenne ich keinen Fall, in der eine Gesellschaft, die absolut monogam war, nicht sehr hohe soziale Energie gezeigt hätte." (S. 369)

Warum verlieren Gesellschaften über kurz oder lang die hohe „soziale Energie", mit der sie Kultur schaffen?

„Gesellschaften, die einst überaus aktiv waren, verlieren plötzlich den Antrieb. Sie entspannen sich, und ihre Energie verschwindet ebenso geheimnisvoll, wie sie aufgetreten ist. Vielleicht erhöht sich gleichzeitig die Energie ihrer Nachbarn. Sie erheben sich und überrennen das Land, dessen Aktivitäten wir bis vor kurzem bewundert haben. Wir sehen, wie in schneller Folge menschliche Gesellschaften aus der Lethargie erwachen und alle möglichen Aktivitäten entfalten. Sie bauen Tempel, reißen sie wieder ein und bauen größere und kompliziertere; sie organisieren Armeen und bauen Schiffsflotten, sie errichten Städte, organisieren schnelle Kommunikationswege, durchdringen die Himmel mit ihrem Blick, um die Phänomene des Universums zu verstehen, und suchen nach immer neuen Möglichkeiten, ihre überquellende soziale Energie produktiv einzusetzen. Dann verliert eine dieser kraftvollen Gesellschaften nach der anderen ihren Antrieb, sie entspannen sich, und die Energie verschwindet. Die Produkte dieser Energie zerfallen, und es bleibt ein Haufen Staub." (S. 332)

„Manchmal hört man, jemand wolle die Vorteile eines hohen kulturellen Niveaus genießen und gleichzeitig die Begrenzung der sexuellen Triebbefriedigung abschaffen. Das Wesen des menschlichen Organismus scheint jedoch so beschaffen zu sein, daß diese Wünsche unvereinbar sind, ja sogar widersprüchlich. Solch ein Reformer gleicht dem törichten Jungen, der den Kuchen essen und behalten will. Jede menschliche Gesellschaft hat die Freiheit, sich zu entscheiden, ob sie hohe Energie oder sexuelle Freizügigkeit will. Die Fakten zeigen, daß beides gleichzeitig nicht länger als eine Generation möglich ist." (S. 412)

Das, was für die Gesellschaft als Ganzes gilt, gilt nach Unwin auch für die Herrschaftsstrukturen innerhalb einer Gesellschaft: „Die Gruppe mit mehr Energie herrscht über die Gruppe mit weniger Energie." (S. 332)

„Darüber hinaus spiegelte die politische Organisation [einer Gesellschaft] die relative Energie, die die verschiedenen sozialen Schichten, aus denen sie bestand, an den Tag gelegt haben. Jede Gesellschaft begann als Monarchie; jede Veränderung in der Identität der Herrschenden war die Folge einer Veränderung der Möglichkeit zur sexuellen Triebbefriedigung der herrschenden Schicht. Aristokraten behalten ihre Macht und ihre Privilegien so lange, wie ihre Energie größer ist als die ihrer Untergebenen. Wenn die sexuellen Beschränkungen nachlassen, dann vermindert sich ihre Energie; jene, die bislang beherrscht wurden, übernehmen die Herrschaft." (S. 369)

Obwohl sich in der Geschichte eindeutig zeigt, daß strenge Sexualnormen, nämlich Keuschheit vor der Ehe und Monogamie, eine Gesellschaft zur Blüte bringen und die Macht einer herrschenden Gruppe stabilisieren, ist „keine Gruppe von Menschen jemals in der Lage gewesen, einen Zustand absoluter Monogamie lange zu ertragen". (S. 343f.) Es gibt nämlich eine Gruppe, die einen hohen Preis für diese Blüte zahlt, und das sind die Frauen.

„In allen Fällen von absoluter Monogamie waren die Frauen [und ihre Kinder] juristisch nicht existent. Das führte in allen Fällen von absoluter Monogamie zu einer weiblichen Emanzipationsbewegung. Nach einiger Zeit wurden die Gesetze geändert; die Frau wurde ein juristisches Subjekt und dem Mann gleichgestellt."

„Der Weg ist immer der gleiche: Scheidung bei gegenseitigem Einverständnis wurde möglich, die Forderung der vorehelichen Keuschheit wurde aufgeweicht. Frauen bekamen eigenständige Rechte. Sobald es keine obligatorische Enthaltsamkeit mehr gab, versiegte die soziale Energie." (S. 380) „Das einzig wirklich Bemerkenswerte an dieser Geschichte ist die Monotonie, mit der sie sich wiederholt." (S. 381)

Keineswegs ist die weibliche Emanzipationsbewegung eine Erfindung des modernen weißen Menschen. „Wir fühlen einen unberechtigten Stolz, weil wir uns für die einzige zivilisierte Gesellschaft halten, die begriffen hat, daß die Geschlechter sozial, legal und politisch gleichgestellt sein müssen. Nichts könnte ferner von der Wahrheit sein. Eine weibliche Emanzipationsbewegung tritt mit unfehlbarer Regelmäßigkeit als Folge absoluter Monogamie auf. Der folgende Verlust der sozialen Energie, nach der Emanzipation von Frauen ..., war nicht eine Folge der Emanzipation, sondern der Erweiterung der Möglichkeit zur sexuellen Triebbefriedigung, die immer damit einherging. In den Annalen der menschlichen Geschichte gibt es keinen Fall weiblicher Emanzipation, der nicht mit einer Ausweitung der Möglichkeit zur sexuellen Triebbefriedigung einherging." (S. 344)

Heißt dies, daß eine Kultur nur dann produktiv sein kann, wenn die Frauen aller Rechte enthoben sind?

Unwin widerspricht dieser Sicht. Er sagt:
„Absolute Monogamie gab es nur, wenn Frauen und Kinder ihren Rechtsstatus verloren haben. Es ist historisch wahr, zu sagen, daß in der Vergangenheit soziale Energie um den Preis der individuellen Freiheit gewonnen wurde, denn sie ist nie entfaltet, ohne daß Frauen ihre Rechte als Individuum eingebüßt hätten und ohne daß Kinder nur ein Anhängsel der Besitztümer des Vaters gewesen wären. Aber daraus folgt nicht, daß die Möglichkeit der sexuellen Triebbefriedigung nicht auch unter anderen Bedingungen auf ein Minimum reduziert werden könnte. In der Geschichte zeigt sich, daß die Unterdrückung von Frauen und Kindern unerträglich und deswegen vorübergehend ist. Aber daraus folgt nicht, daß obligatorische Enthaltsamkeit ebenfalls unerträglich und vorübergehend sein muß." (S. 382)
„Wenn ich auf den Strom der Zeit zurückschaue, dann scheint mir, daß es das ungerechte Schicksal der Frauen war, nicht die obligatorische Enthaltsamkeit, welche die absolute Monogamie immer wieder zusammenbrechen ließ." (S. 431)
Unwin schließt sein Werk mit der Hoffnung, daß es den Menschen gelingen könnte, aus der historischen Koppelung von Monogamie und Rechtlosigkeit der Frau auszubrechen. Dann, ja dann, tun sich Möglichkeiten kultureller Entfaltung auf, „die unsere gegenwärtigen Vorstellungen weit übertreffen". (S. 432)

Sexualität und Kultur

Was sagen uns die Ergebnisse von Unwin? Sie deuten darauf hin, daß wir uns nicht in einer Krise befinden, auf die wieder ein Aufschwung folgt, sondern im Zivilisationsverfall, wie er sich nach Unwin in allen Kulturen ohne Ausnahme ereignet hat, die voreheliche Keuschheit und Monogamie aufgegeben haben.
Unwin stellt fest: Wenn eine Gesellschaft drei Generationen lang völlige sexuelle Freiheit vor der Ehe gewährt, dann sinkt sie auf das unterste zoistische Niveau der Natur- und Tierverehrung.
Könnte das wahr sein? Wenn man 1968 als den Startschuß nimmt für die rasante Auflösung von Sitten und Gesetzen, welche die Möglichkeit zur sexuellen Triebbefriedigung einschränken, dann befinden wir uns jetzt in der zweiten Generation. Sexualität ist von der Fortpflanzung abgekoppelt und zum Objekt individueller Lustbefriedigung erniedrigt worden. Schien dies anfangs nur ein sittliches Problem zu sein, so zeigt sich nun, daß wir uns in den Zivilisationsverfall hineinmanövriert haben. Um es in der Computersprache auszudrücken: Bisher glaubten wir, wir könnten die Software beliebig austauschen, nun müssen wir feststellen, daß wir das Betriebssystem auf seiner tiefsten Ebene beschädigt haben, auf der Ebene der Fortpflanzung.
Die Sexualisierung der Gesellschaft ist in die nächste Stufe

übergegangen: die Homosexualisierung. Unwin erwähnt dieses Phänomen nur am Rande als letztes Zeichen des Zivilisationsverfalls. Wenn schon die Aufgabe der Keuschheit vor der Ehe und der Monogamie den Abtritt der Kultur von der historischen Bühne zur Folge haben, dann ist die Akzeptanz der Homosexualität nur noch ein Begleitphänomen des Verfalls (siehe vorletztes Kapitel).

Unwin konnte nicht ahnen, daß er mit der Beschreibung der „zoistischen Kultur" die moderne Spaßgesellschaft akkurat darstellt:

„Solange die Dinge glatt gehen, essen die Leute, trinken, tanzen, kopulieren und schlafen; sie arbeiten nur, damit ihr Bauch voll ist und sie ihre organischen Bedürfnisse befriedigen. Sie leben in einer Atmosphäre sorgloser Lustbefriedigung; und wenn sie ein Bedürfnis fühlen, befriedigen sie es sofort."

Der Unterschied zu einer „uncivilized society" ist der, daß wir uns ganz erhebliche Sorgen machen müssen.

Die Medien hämmern euch in Hirn und Herz, das Leben sei dazu da, ein Maximum an Vergnügen herauszuschlagen, jetzt, sofort! Das Baby hat Anspruch auf sofortige Bedürfnisbefriedigung. Aber der erwachsene Mensch braucht Selbstbeherrschung, denn ohne Verzicht auf unmittelbare Befriedigung kann er nichts leisten, kann er nicht kulturschaffend wirken. Hinter der Spaßgesellschaft stecken vor allem wirtschaftliche Interessen, die jedes Produkt mit der Verheißung von Lustgewinn verkaufen, in erster Linie durch die Anstachelung des Sexualtriebes.

Glaubst du diese Botschaft? Merkst du den Betrug? Weckt dich vielleicht eigenes Leiden aus der Verblendung?

Mit einer Spaßkultur, deren höchster Spaß der Sex ist, läßt sich kein Staat machen. Vielmehr werden wir massenhaft krank. Das ist die häßliche, leidvolle Rückseite der Medaille, auf deren Vorderseite steht: Have fun!

Es gibt in Deutschland vier Millionen Depressive, drei Millionen registrierte Alkoholabhängige, eine Million Eßkranke. Angst ist eine Massenseuche. Ein erheblicher Anteil der Kinder kommt mit psychischen Störungen in die Schule. Schätzungsweise werden 300 000 Kinder im Jahr sexuell mißbraucht. Lustig ist da gar nichts mehr.

Das Absinken auf das zoistische Niveau – das griechische Fremdwort ist weniger anstößig als das deutsche Wort tierisch – geht einher mit dem Verlust der Gottesverehrung und der Rückkehr zur Magie.

Zu Hunderttausenden treten die Menschen aus den Kirchen aus. In der Europäischen Verfassung gibt es keinen Gottesbezug mehr, ja nicht einmal einen Verweis auf das Christentum als prägender Kraft Europas. Hatten wir in unserer aufgeklärten, wissenschaftsgläubigen Zeit geglaubt, Magie und Schamanismus endgültig überwunden zu haben, so erleben wir jetzt, daß sie in das spirituelle Vakuum zurückfluten, das durch den Rationalismus entstanden ist.

Das Haus ist morsch, in dem wir wohnen. Es sah noch ganz hübsch aus, solange das Geld reichte, um die Fassade in Ordnung zu halten. Aber das Geld reicht nicht mehr. Die Regierenden springen im Dreieck, verkaufen das Tafelsilber, zum Bei-spiel die Post, um die Löcher zu stopfen, machen noch mehr Schulden bei ... bei wem eigentlich? Und wer muß dafür aufkommen? Mehr als die Hälfte der Steuern, die ihr zahlen werdet, wird zur Tilgung der Schulden dienen, die wir heute machen.

So sieht's aus.

Aber Unwin beschreibt nicht nur den Weg nach unten, sondern auch den Weg nach oben. Er formuliert als Gesetzmäßigkeit: „Wenn in irgendeiner Gesellschaft von den Mädchen einer aufstrebenden Generation verlangt wird, daß sie voreheliche Keuschheit wahren, dann wird die Kultur deistisch." (S. 358) Die Gruppe, die das tut, wird zur führenden Elite.

Dies bedeutet: Wenn wir wollen, daß es in unserer Kultur wieder aufwärtsgeht, dann brauchen wir eine Erneuerungsbewegung der jungen Generation, die Keuschheit und Monogamie praktiziert. In Amerika haben Bewegungen wie *True Love waits* oder *Abstinence now* millionenfachen Zulauf.

Geschehen wird diese „schmerzhafteste aller sozialen Revolutionen" so oder so, denn warum sollte sich „die Monotonie des Aufstiegs und Niedergangs von Zivilisationen" nicht wiederholen? Fragt sich nur, wann und durch wen und unter welchen Vorzeichen.

Die phänomenale Ausbreitung des Christentums ist eine Bestätigung von Unwins Ergebnissen. In seinem berühmten Werk *Verfall und Untergang des Römischen Reiches* schreibt Edward Gibbon:

„Während dieser große Körper [das Römische Reich] durch offene Gewalt erschüttert oder durch langsamen Verfall untergraben wurde, flößte sich eine reine und demütige Religion allmählich den Herzen der Menschen ein, wuchs empor in der Stille und Dunkelheit, schöpfte neue Kraft aus dem Widerstande und pflanzte endlich das triumphierende Panier des Kreuzes auf die Trümmer des Kapitols."[14]

Wie war das möglich? Gibbon führt fünf Ursachen für den Siegeszug des Christentums an: Die frühen Christen glaubten an das ewige Leben, sie waren unbeugsam und eifrig, sie wirkten Wunder, sie bewahrten Einheit, und sie besaßen eine reine und strenge Moral. Der Glaube, der Eifer, die Wunderkraft und die Einigkeit bedürfen einer Quelle, die über den Menschen hinausgeht, sie bedürfen der Gnade. Aber diese Quelle kann nicht fließen, solange der Mensch in seinen Trieben gefangen ist.

Unwin versteht sich als empirischer Sozialwissenschaftler. Worte wie Moral oder Ethik oder Sittengesetz kommen bei ihm nicht vor. Er beschreibt wertfrei, was er gefunden hat, obwohl ihm die Ergebnisse gegen den Strich seiner persönlichen Überzeugungen gehen.

Keuschheit vor der Ehe und Treue in der Ehe sind christliche Werte, ja mehr als Werte, es sind christliche Gebote. Sie gelten heute als ein schweres Joch, das wir endlich abgeworfen haben, obwohl offensichtlich ist, daß wir diese Freiheit mit Lasten bezahlen, die eine ganze Zivilisation in die Knie zwingen. Ehe und Familie haben in der christlichen Religion den denkbar höchsten Wert. Könnte es sein, daß es Jesus Christus darum geht, dem Menschen durch die scheinbar strengen Gebote den Weg zur höchsten Entfaltung der Person und zur Blüte der Kultur zu weisen? Jesus sagt: „Mein Joch drückt nicht und meine Last ist leicht." (Mt 11,30) Ob das wahr ist?

Unwin stellt fest: „Keine Gruppe von Menschen war jemals in der Lage, einen Zustand absoluter Monogamie lange zu ertragen", und zwar deswegen nicht, weil dies in der bisherigen Geschichte immer mit der Rechtlosigkeit der Frau einherging. Daraus entstand eine Emanzipationsbewegung, und diese führte zur Preisgabe der einschränkenden Sexualnormen.

Die heutige Emanzipationsbewegung der Frau hat in wenigen Jahrzehnten alle Ziele erreicht. Wir Frauen können tun und lassen, was wir wollen. Wir können Soldatin, Pilotin und Parteichefin werden, und wir können Ehe und Kinder und Familie lassen.

Die prinzipielle Ebenbürtigkeit von Mann und Frau ist heute allgemein anerkannt. Da gibt es unter demokratischen Verhältnissen – Gott sei Dank – kein Zurück. Die Koppelung der Emanzipation an die Preisgabe einschränkender sexueller Normen hat jedoch verheerende Folgen: Die Zerschlagung der Familie, die Vergreisung der Bevölkerung und dadurch das Verwirken der Zukunftsfähigkeit der Gesellschaft.

Zukunft gibt es dann, wenn auf der Grundlage der Ebenbürtigkeit von Mann und Frau die Familie als Schule der Liebe wieder zur Grundlage der Gesellschaft wird. Auch wenn dies sternenweit von unserer gegenwärtigen Realität entfernt zu sein scheint, so gibt es dazu keine Alternative. Jene, die weiter an der Auflösung der sexuellen Normen und damit an der Zerstörung der Familie arbeiten, sind nichts anderes als die Totengräber dieser Zivilisation.

Wer bist du geworden?

Einflüsse von Familie, Schule und Medien

Familie, soziales Umfeld und Medien haben die Person geprägt, die du heute bist. Wenn du dir diese Einflüsse bewußt machst, erkennst du das Kleid, das dir diese Gesellschaft angezogen hat, ohne daß du gefragt wurdest. Du wirst etwas darüber erfahren, wer du geworden bist, aber keine Antwort auf die Frage finden: Wer bin ich? Dies ist die wichtigste Frage, die du stellen kannst, und zwar bis zum Ende deines Lebens. Das Erstaunliche ist, daß wir 24 Stunden um die Uhr in unserer eigenen Gesellschaft leben und uns doch nicht kennen. Die Frage: Wer bin ich? findet eine Antwort, wenn du dich als geliebtes Kind Gottes erfährst. Diese Erfahrung wartet auf dich wie ein verlassenes Haus auf seinen Besitzer.

Es gab Zeiten, da waren die Erfahrungen und Überzeugungen und Lebensmodelle, welche die Eltern im Rucksack hatten, ziemlich ähnlich wie jene, welche die Kinder im Rucksack hatten. Diese Zeiten sind vorbei. Auch haben sich die Instanzen, die den Rucksack füllen, verändert. Früher waren es in erster Linie die Familie, Eltern und Großeltern, die das, was sie für gut und richtig hielten, an die Kinder weitergaben. Neben den Eltern war es vor allem die Kirche, die diesen Rucksack füllte. Heute sind es Menschen in staatlichen Institutionen, Kindergärtnerinnen und Lehrer, und vor allem die von niemandem kontrollierten Medien, die ihre Kuckuckseier in den Rucksack legen. Sie alle beschneiden das Recht der Eltern, den größten Einfluß auf die Erziehung der Kinder zu nehmen, wie es das Grundgesetz garantiert: „Lufthoheit über den Kinderbetten" beanspruchte ein SPD-Funktionär. Herrscht Krieg über den Kinderbetten?

Einflüsse der Familie

Bist du bereit, deinen Rucksack aufzuschnüren? Du wirst darin immer wieder Neues entdecken, Proviant für den Lebensweg und Lasten. Mehr als Worte prägt das Vorbild. Was immer in deiner Familie gelebt wurde, das steht dir vor Augen, das waren die Informationen, die dir gesagt haben: So ist das Leben. Erst in der Pubertät hast du begonnen, zu fragen: Muß das Leben so sein?

Die folgenden Fragen sind Anregungen, dir die Situation, in der du aufgewachsen bist, bewußt zu machen. Schreibe in dein Logbuch, was dir in den Sinn kommt.

Wenn du in einer intakten Familie lebst – ob du noch zu Hause bist oder nicht – dann heißt das:

Deine biologischen Eltern leben verheiratet zusammen. Du hast die Ehe deiner Eltern als fruchtbare Einheit von Mann und Frau erlebt. Du hast erlebt, daß deine Mutter und dein Vater für dich da waren. Du hast gelernt, daß die Liebe immer wieder über den Streit siegte. Du hast Geborgenheit, Solidarität und unverbrüchliche Zugehörigkeit erlebt. Du weißt, wie es ist, wenn der liebende Blick deiner Mutter und deines Vaters auf dir ruht. Vielleicht hast du sogar erlebt, daß deine Eltern oder deine Großeltern ihr Leben auf Gott gebaut und dir den Weg zu Gott geöffnet haben.

Wenn das im großen und ganzen deine Erfahrung von Familie ist, dann sei dir bewußt, daß du das größte Privileg genießt, das es heutzutage gibt. Du stehst auf einem Fundament der Liebe, das dir Freiheit schenkt und Orientierung gibt. Du mußt keinen schlechten Handel machen, um dein Bedürfnis nach Liebe, Zugehörigkeit und Anerkennung ersatzweise zu befriedigen. Aber selbst unter solchen Bedingungen stehst du unter dem Druck deines sozialen Umfelds und der Medien, die Werte, die in deiner Familie gelten, über Bord zu werfen. Du mußt eigene Entscheidungen treffen.

Kommst du aus einer Familie, in der die Karriere beider Eltern und das Geldverdienen an erster Stelle standen und nicht du? In der du viel zu früh allein gelassen oder fremden Betreuern übergeben wurdest? In der der Fernseher zu deinem Babysitter gemacht wurde und die Spielgefährten ersetzen mußte? In der, als du älter wurdest, das Gespräch verstummte? In der es weit und breit keinen Erwachsenen gab, zu dem du Vertrauen hattest, der dir ein gutes Vorbild gewesen wäre?

Kommst du aus einer Scheidungsfamilie? Dann hast du vermutlich jahrelang einen Machtkampf zwischen Vater und Mutter erlebt, der zu schlimmem Streit geführt hat.
Wurdest du Zeuge, wie deine Eltern einander untreu wurden? War einer deiner Eltern alkoholabhängig, arbeitslos, depressiv? Wurdest du im Scheidungskrieg hin und her gezerrt? Wußtest du nicht mehr, wohin du gehörst? Mußtest du ohne deinen Vater oder ohne deine Mutter aufwachsen? Bist du das Kind einer

alleinerziehenden, überforderten Mutter? Reichte das Geld vorne und hinten nicht? Mußtest du einen Stiefvater oder eine Stiefmutter oder wechselnde Partner akzeptieren? Mußtest du mit Stiefgeschwistern zurechtkommen? Wurden dir Bildung, Kultur und gute Manieren vorenthalten?

Was waren in deiner Familie die direkten Erlebnisse und Botschaften hinsichtlich Sexualität?

- Gehörte Sexualität in die Intimsphäre der Erwachsenen wurdest du Zeuge sexueller Handlungen?
- Was haben dir deine Eltern über Sexualität gesagt?
- Welche Rolle spielte Pornographie in deiner Familie?
- Wurdest du Opfer von sexuellem Mißbrauch?

Falls du in die Mühle der Familienzerstörung geraten bist – wie hast du darauf reagiert? Mit Leistungsabfall in der Schule? Mit „Null-Bock"? Mit Depression? Mit Angstzuständen? Mit Alpträumen? Mit Medikamentenabhängigkeit? Mit Drogenabhängigkeit? Mit aggressivem Verhalten gegenüber anderen? Mit zerstörerischem Verhalten gegen dich selbst, zum Beispiel Nägelkauen, Freßsucht, Magersucht? Mit Selbstmordgedanken?

Hat sich bei dir ein ganz tiefer Zweifel festgesetzt, ob Ehe überhaupt möglich und wünschenswert ist, ob lebenslange Treue zum Ehepartner dem Menschen entspricht, ob du Vater oder Mutter sein willst, ob du fähig bist, Verantwortung für eigene Kinder zu übernehmen, ob du überhaupt Lust dazu hast?

Wissenschaftliche Untersuchungen zeigen, daß die genannten Symptome bei Scheidungskindern weit häufiger vorkommen als bei Kindern aus intakten Familien. In einer Langzeituntersuchung über 25 Jahre kommt Judith Wallerstein zu dem Ergebnis: Scheidungskinder befinden sich in einem emotionalen Dilemma. Sie schwanken zwischen ihrer Sehnsucht nach Bindung und einer intensiven Angst, in einer Liebesbeziehung zu scheitern, einer Angst, die sich bei ihnen überdurchschnittlich häufig erfüllt. Scheidungskinder heiraten seltener, scheiden sich öfter, haben öfter uneheliche Kinder und neigen stärker zu Suchtverhalten als Kinder aus intakten Familien.[15]

Mehrere Studien zeigen, daß sogar in besonders konfliktreichen Familien, in denen aber beide Eltern zusammen blieben, weniger Kinder unglücklich waren als in zerbrochenen Familien.[16]

Zu den traumatischen Trennungserfahrungen kommt noch hinzu, daß das Risiko, sexuell mißbraucht zu werden, bei Kindern, die mit einem Mutter- oder Vaterersatz leben müssen, neunmal höher ist als bei Kindern, die mit ihren miteinander verheirateten, leiblichen Eltern leben. (Williams)

Aber Scheidung belastet nicht nur die Kinder, sondern auch die Eltern. Ein Drittel der Eltern leiden nach der Scheidung über viele Jahre an schweren Depressionen, insbesondere die Frauen zu fast 50 Prozent. (Williams)

All das ist nicht normal, auch wenn es dir normal erscheint, weil du vielleicht nichts anderes kennst. Es ist auch dann nicht normal, wenn in Deutschland jährlich 150 000 Kinder neu davon betroffen sind. Bedenke: Erst vor 35 Jahren hat die Zerschlagung der Familie begonnen. Das ungeheuerliche Leid, das die Zerstörung der Familie über die Menschen bringt, wird verbrämt mit Begriffen wie „bunte Gesellschaft" oder „Patchwork-Familie". Aber der Zusammenbruch der Familie ist die Ursache, daß Depression, Angst, Süchte aller Art, Leistungsverfall zu Massenkrankheiten geworden sind, die nichts anderes anzeigen als den Verfall der Zivilisation.

Die Zerstörung der Familie ist kein Naturereignis, sondern die Folge von Schuld: *Wir haben euch nicht gegeben, was wir euch als Eltern schulden.* Wir haben es euch deswegen nicht gegeben, weil wir verführt und verblendet waren durch die Ideologien des Feminismus, der sexuellen Befreiung, der Selbstverwirklichung. Hinter allen steht der blanke Egoismus. *Meine* Interessen, *meine* Bedürfnisse, *meine* Lust, *meine* Befreiung von Leid haben Vorrang vor deinen Interessen, deinen Bedürfnissen, deinem Glück.

Diese Entscheidung haben die meisten von uns Scheidungseltern getroffen. Auch ich. Wann immer ich daran denke, wie wir unsere drei halbwüchsigen Kinder ins Wohnzimmer gerufen und ihnen mitgeteilt haben, daß wir uns trennen, fühle ich Schmerz und Reue. Sie waren nicht in der Lage, aufzuschreien und uns anzuflehen: Das dürft ihr nicht tun! Wir gehören zusammen! Wir lieben euch beide! Wir brauchen euch beide! Nein, sie gingen stumm hinaus und weinten in ihre Kissen. Eines unserer Kinder hatte drei Tage lang 41 Grad Fieber. Die Fingernägel gingen ihm aus den Wurzeln, und es dauerte Jahre, bis sie wieder Halt fanden. Wie schön und kostbar ist doch das ganz normale Leben in der Familie!

Gewiß gibt es Situationen, in denen es keine andere Wahl gibt als Trennung, aber in den meisten Fällen hat der Egoismus gesiegt. Ich weiß, daß das Wort „Schuld" ein rotes Tuch für jeden ist, der Schuld auf sich geladen hat, sie aber nicht bereut. Und ich weiß auch, daß die Erkenntnis und das Bereuen und die Vergebung von Schuld die Bedingung ist, einen neuen, guten Weg einschlagen zu können.

Ein Kind kann den Schmerz in seiner ganzen Wucht nicht fühlen, es verdrängt ihn und reagiert mit den Symptomen, die ich oben genannt habe. Noch weit ins Erwachsenenalter hinein ist man nicht fähig, der Schuld der Eltern ins Auge zu sehen. Es bedarf kundiger, therapeutischer Begleitung, um von den Symptomen zu den Ursachen zu gelangen, und es bedarf der Gnade, um Heilung zu erlangen.
Wenn du Symptome dieser Art an dir wahrnimmst, dann ist es notwendig, daß du dich auf die Suche nach Heilung machst. Der Weg mag lang sein, aber er ist unausweichlich, wenn du ein freier Mensch werden willst, der seine Berufung entdecken und erfüllen möchte. Was immer du erlebt haben magst, das Ziel ist Verzeihung, denn nur dadurch wirst du frei.
Die Frucht der Reue ist der Neuanfang.
Die Frucht der Vergebung ist die Befreiung aus Verstrickung.
Die Frucht der Begegnung von Reue und Vergebung ist die Liebe.

Einflüsse von Schule und Gleichaltrigen

Schule, so dachte man bislang, sei dazu da, den jungen Menschen zu bilden, damit er ein verantwortungsvolles und leistungsfähiges Mitglied der Gesellschaft werde. Wenn er das nämlich nicht wird, wenn er ein von seinen Trieben beherrschter, bindungsloser, manipulierbarer, depressiver oder aggressiver Mensch wird, dann kann Demokratie nicht funktionieren. Schule soll Wissen und Fähigkeiten und Werte vermitteln.
Dieses Wort *Werte* ist ebenso modern wie schwammig. Es meint etwas, das allgemein für gut gehalten wird. Wenn es gut gibt, muß es auch böse geben. Ist dir schon einmal aufgefallen,

daß man in unserer Kultur nicht sagen darf, etwas sei böse? Wer definiert, was gut ist? Die gängige Meinung ist, daß es gut ist, wenn das jeder selber tut, nach Lust und Laune. Wer definiert, was böse ist? Niemand.

Solange zwischen Gut und Böse nicht unterschieden werden darf, ist das Gerede von Werten eine Täuschung. Die überwältigende Botschaft dieser Gesellschaft ist: Alles ist gut, sofern es dir nur Spaß macht. Das ist eine verantwortungslose Lüge, welche unterschlägt, daß die Vergötzung der Lust das Leben, die Kultur und das Glück des Einzelnen zerstört. Diese allgegenwärtige Lüge verhindert, daß du lernst, das Gute vom Bösen zu unterscheiden, das aber ist lebenswichtig, *wenn es dir gutgehen soll.*

Was hast du im Sexualkundeunterricht gelernt? Wahrscheinlich hat man dir beigebracht, wie man ein Kondom benutzt, und dich darüber aufgeklärt, daß du deine sexuelle Orientierung frei wählen kannst, ob hetero, homo oder bi oder sonstwas, schließlich bist du ein freier Mensch, und die finsteren Zeiten sind vorbei, wo es diesbezügliche Verbote gab. Du wurdest mit neun oder zehn Jahren in Wort und Bild genauestens über den Geschlechtsakt instruiert: Achte darauf, was dir Lust macht, und tu nichts, was dir keine Lust macht. Niemand darf dich zu etwas zwingen. Wenn du auf diesen Knopf drückst, passiert jenes. Probier das alles durch Selbstbefriedigung aus und laß dir bloß nichts einreden von deinen Eltern! Die haben doch eh nur zopfige Vorurteile. Also nichts wie los. *Bravo* beantwortet alle offenen Fragen, auch solche, die du gar nicht gestellt hast. Manchmal hattest du vielleicht das Gefühl, daß du es so genau gar nicht wissen wolltest, aber na ja, ist ja normal ...

Ist doch ganz normal, daß du mit zwölf, dreizehn, vierzehn,

fünfzehn – was, immer noch nicht? – aber doch mit sechzehn und ganz bestimmt mit siebzehn Jahren deinen ersten Freund, deine erste Freundin hast mit allem Drum und Dran. Wenn's bis dahin noch nicht passiert ist, dann stimmt etwas nicht mit dir – oder? Bist du vielleicht nicht attraktiv, bist du in deinen Gefühlen hoffnungslos altmodisch? Bist du vielleicht zu schüchtern? Was sagen die Freundinnen und die Freunde? Wie stehst du da, wenn du niemanden abschleppst von der Disko oder von niemandem abgeschleppt wirst?

Ich habe mir Material zum Sexualkundeunterricht angesehen, u. a. Schriften der „Bundeszentrale für gesundheitliche Aufklärung" und eine Broschüre, die von dem amerikanischen Konzern Procter & Gamble zusammen mit Pro-Familia, München, erstellt wurde mit dem Titel *About you*. Alle Materialien zum Sexualkundeunterricht propagieren es als Freiheitsrecht des Menschen, seine Sexualität ohne jede ethische Norm dem Lustprinzip zu unterwerfen: Tu, was dir die meiste Lust bereitet. Sie unterscheiden sich nur im Maß der Schamlosigkeit und manipulativen Raffinesse bei der Propagierung von Unzucht.
Wieder so ein altmodisches Wort: Unzucht! Erst rede ich von böse, jetzt auch noch von Unzucht. Vielleicht kommt es dir vor, als hättest du eine Gräte verschluckt, wenn du es hier liest. Schließlich hörst und siehst du ja nichts anderes, als daß Sexualität zur Lustbefriedigung da ist, frei von jeder Zucht und Selbstbeherrschung.
Erlaube mir, es trotzdem zu verwenden! Ich tue es, weil es eine Gräte im Hals der Spaßgesellschaft ist. Wenn du bis hierher gelesen hast, dann ahnst du vielleicht etwas von dem riesenhaften sexuellen Zerstörungsprojekt, das es auf die junge

Generation abgesehen hat, auf dich. Man hat uns die Worte gestohlen, die dieses Projekt entlarven. Es wurden uns nicht nur die Worte gestohlen, sondern der Geist der Unterscheidung, der so notwendig ist wie das tägliche Brot.
Die Broschüre *About you* wurde und wird zu Hunderttausenden an die Schulen verteilt, als „kostenfreie, unterrichtsbegleitende Materialien zur Unterstützung Ihres Unterrichts der Klassenstufen 5–10", zusammen mit Warenproben für Slipeinlagen der Firma Procter & Gamble (Hersteller von Pampers und einer Menge von Körperpflegeprodukten, die du in jedem Supermarkt findest.) Es handelt sich auf 95 Seiten um detaillierte Anleitung in Wort und Bild zu jeder Form von sexueller Praxis, mit Liebe oder ohne (Ehe kommt nicht vor), mit dem anderen Geschlecht oder mit dem gleichen oder abwechselnd oder mit sich selbst, vaginal, oral oder anal, natürlich ganz safe mit Kondom. Prostitution ist „ein ganz normales Geschäft, auch wenn manche darüber anders denken", an „Porno gucken ist eigentlich nichts Schlimmes dran". Manche Mädchen träumen von einem Baby. „Aber es ist eine ziemliche Herausforderung, Tag für Tag ein Kind zu betreuen, wenn man selbst noch in die Schule gehen muß. Die eigene Jugend, abends weggehen, flirten und rumflippen, manches bleibt da auf der Strecke." Überlege dir also schnell, ob du „die Schwangerschaft abbrechen" willst, ob also das Kind auf der Strecke bleiben soll, auf die dich diese Broschüre schickt! *Beratung* und *Ausführung* bei Pro-Familia. (2004 ermittelt die Staatsanwaltschaft gegen Pro-Familia wegen der Werbung für „medizinische Dienstleistungen" = Abtreibung.)
Pro-Familia gehört zum Dachverband der Planned Parenthood Federation (IPPF), einer weltweit operierenden Organisation,

welche die Abtreibung propagiert, durchführt und daran verdient.
Das Gesundheits- und Familienministerium betreibt die gleiche Politik. Die „Bundeszentrale für gesundheitliche Aufklärung“, die diesen Ministerien untersteht, vertreibt eine Masse von Schriften für Eltern, Kindergärtnerinnen, Lehrer und Jugendliche, die kostenlos zu beziehen sind, die also vom Steuerzahler finanziert werden. Dachte ich bisher, die staatliche Sexualisierungspolitik beginne mit dem Sexualkundeunterricht, so erweist sich dies als Naivität. Die Sexualisierung wird vom Staat auf ganzer Front betrieben: in den Kindergärten, in den Behindertenheimen, in den Schulen durch Ratgeber, die millionenfach übers Land gestreut werden.
Im *Ratgeber für Eltern zur kindlichen Sexualentwicklung vom 1. bis zum 3. Lebensjahr* geht es um die Förderung der „psychosexuellen Entwicklung” der Kleinkinder. Ich muß daraus etwas ausführlicher zitieren, weil die Sexualisierungspolitik des Staates ab dem 1. Lebensjahr den meisten nicht bewußt sein dürfte.
Die Eltern werden zur **„aktiven Förderung”** [fett im Orginal] der Sinnlichkeit des Kleinkindes aufgefordert. Die Kinder zwischen 1 und 3 Jahren [!] sollen zur Selbstbefriedigung angehalten und von den Eltern „beim Saubermachen gekitzelt, gestreichelt, liebkost, an den verschiedensten Stellen geküsst” werden, denn „für das Baby sind die verschiedenen Berührungen geradezu lebensnotwendig.” Eltern sollen „sonntags Tobespiele im Bett machen, bei denen sie möglicherweise beide (oder die ganze Familie) nackt sind.”
„Mütter geben dem Penis oft verschiedene und manchmal auch liebevolle Namen und drücken damit bewußt ihre Anerkennung

aus. Demgegenüber erfahren Scheide und vor allem Klitoris kaum Beachtung durch Benennung und zärtliche Berührung (weder seitens des Vaters noch der Mutter) und erschweren es damit für das Mädchen, Stolz auf seine Geschlechtlichkeit zu entwickeln ... Für die Entwicklung ist es wichtig, daß der Vater mit seiner Tochter spielt und ihr dabei zeigt, wie lieb er sie hat und wie stolz er auf sie ist!"

„Da ist keine Körperregion vor intensivster Erkundung sicher und natürlich auch nicht die Genitalien, die manchmal Erregungsgefühle bei den Erwachsenen auslösen."

Es soll Eltern nicht verunsichern, wenn sie feststellen, „daß ihr Kind ... allem Anschein nach ähnliche **Lustgefühle** [fett im Orginal] entwickelt wie Erwachsene. Bei manchen Kleinkindern sind ab dem 17. Monat Selbststimulationen bis zum Orgasmus beobachtet worden."

„Die Selbstbefriedigung unterscheidet sich bei Jungen und Mädchen, in dem letztere eher Gegenstände zu Hilfe nehmen. Diese Tatsache und die damit zusammenhängende Gefahr der Verletzung wird nicht selten als Vorwand benutzt, um die Masturbation zu verhindern. Wenn Sie beobachten, daß Ihre Tochter sich wehtut, weil sie sich beispielsweise etwas Spitzes oder Kantiges in die Scheide schiebt, oder daß sie bereits ganz wund ist vom ständigen Reiben im Schambereich, können Sie ihr deutlich machen, daß sie damit besser aufhört, ohne daß das Streicheln an sich von Ihnen abgelehnt wird. Vielleicht zeigen Sie dem Mädchen alternative Berührungen?" (S. 25)

Es gibt eine einzige Anleitung zur Prävention vor sexuellem Mißbrauch. Die liest sich so: „Prävention beginnt schon bei vermeintlichen Banalitäten. Denn wenn ein kleines Mädchen der Oma einen Kuß geben muß, obwohl ihm das unangenehm ist, und dabei von den Eltern hört, 'Stell dich nicht so an!', dann lernt es, daß die eigenen Gefühle, in diesem Fall ein inneres Nein, nicht wichtig sind."

Wo sind die Mädchen unter drei Jahren, die sich etwas Spitzes oder Kantiges in die Scheide schieben und sich wund masturbieren?? Welche alternative Berührung soll der Vater oder die Mutter dem kleinen Mädchen zeigen? Es gibt keine kleinen Mädchen, die das tun. Allerdings gibt es Männer, die kleinen Mädchen etwas Spitzes und Kantiges in die Scheide schieben, dies auf Video aufnehmen und über das Internet zur Lustbefriedigung anderer Männer vertreiben. Manche von diesen kleinen Kindern gehen dabei drauf und werden dann „entsorgt".

Es ist ungeheuerlich, was hier von Staats wegen geschieht: Diese Schrift ist nichts anderes als Anleitung für Eltern, ihre Kinder sexuell zu mißbrauchen. Die einzige Grenze für sexuelle Handlungen zwischen Kind und Erwachsenem, die in diesem *Ratgeber für Eltern* gezogen wird, ist das subjektive Unlustgefühl von Kind oder Erwachsenem. In welchem Alter soll der Vater aufhören, die Klitoris der Tochter spielerisch zu liebkosen? Warum soll er es bei dieser Handlung belassen, wenn es doch angeblich beiden Spaß macht? In diesem Ratgeber findet man dazu keinen Hinweis.

Da das Schamgefühl des Kindes vom Säuglingsalter an systematisch zerstört wird, kann es sich gar nicht wehren. Ein Kleinkind lebt in der Grundhaltung des Vertrauens gegenüber den Eltern. Wenn es dann später entdeckt, was mit ihm geschehen ist, ist es zutiefst geschädigt. Ein Kind ist von seinen Eltern in jeder Weise abhängig. Sexualität schafft emotionale Abhängigkeit zwischen den Beteiligten. Sie bedarf deswegen

der freien Hingabe. Es ist ein widerwärtiger, krimineller Mißbrauch elterlicher Macht, wenn sie auch nur die geringste sexuelle Handlung gegenüber ihren Kindern begehen.
Es ist eine Lüge wider jede Erkenntnis der Entwicklungspsychologie, daß Kinder die gleichen Lustgefühle haben wie Erwachsene und ab 17 Monaten zum Orgasmus kommen können (und sollen!). Die Sexualität von Kindern ist im Gegensatz zu Erwachsenen latent, sie darf nicht stimuliert werden, wenn das Kind gesund heranwachsen soll. Wenn ein Kind Selbstbefriedigung betreibt, ist das eine krankhafte Reaktion auf massive emotionale Entbehrung.*

Welches Interesse hat das Familienministerium daran, Kinder ab dem ersten Lebensjahr aktiv zu sexualisieren? Welches Interesse haben die weltweit operierende Planned Parenthood Federation/Pro-Familia und eine Firma wie Procter & Gamble daran, die Jugendlichen so früh wie möglich in die Sklaverei triebgesteuerter Sexualität zu treiben? Warum?
Die offizielle Begründung lautet: Wir brauchen „Sexualaufklärung", damit Jugendliche lernen, verantwortlich mit ihrer Sexualität umzugehen. Damit ist in erster Linie gemeint, daß sie nicht frühzeitig Kinder zeugen. Aber was ist das Ergebnis? Das Durchschnittsalter für den ersten Geschlechtsverkehr lag 1977 bei 15,6 Jahren, 1980 bereits bei 13,7 Jahren, und es sinkt weiter. Trotz aller Aufklärung sind seit 1996 die

*Auf Grund meiner erneuten Veröffentlichung dieser skandalösen „Ratschläge" in meinem Büchlein „Auf dem Weg zum neuen Gender-Menschen" wurden die Broschüren vom Familienministerium zurückgezogen. Dieser Erfolg ist kein Grund zur Beruhigung, weil alle Schriften der BZgA eine Auffassung von Sexualität verbreiten, bei der alles erlaubt ist, was Lust bereitet.

Schwangerschaften und Abtreibungen bei Minderjährigen um 50 Prozent gestiegen. Weshalb fragt niemand, warum das erklärte Ziel der Sexualaufklärung, nämlich die Verhinderung von Frühschwangerschaften, nicht erreicht wird? Wenn eine Strategie genau das Gegenteil von dem bewirkt, was sie vorgibt erreichen zu wollen, warum wird sie dann nicht korrigiert? Weil sie das erreichen soll, was sie erreicht, und nicht das, was sie vorgibt.

Wenn Sexualaufklärung im Sinne der Einweisung in Sexualtechniken nötig wäre, wäre das Menschengeschlecht im langen Zeitraum vor Einführung dieses Faches in die Lehrpläne längst ausgestorben. Das Phänomen ist aber, daß es seit der sexuellen „Befreiung" im Begriff ist zu schrumpfen. Sexualaufklärung, wie sie derzeit betrieben wird, bewirkt in Wahrheit die Zerstörung des Schamgefühls, das den natürlichen Schutz vor triebhafter Sexualität darstellt. Sie bewirkt genau das, was sie zu verhindern vorgibt: die immer frühere und immer hemmungslosere Sexualisierung der Jugend.

Was wir dringend brauchen, ist eine Vorbereitung auf Ehe, Familie und Kindererziehung. Dieses Wissen wird in lebensfähigen, vitalen Gesellschaften von Generation zu Generation tradiert. Das Gute, Bewährte wurde in der Familie weitergegeben, durch Vorbild vermittelt. Dieser Prozeß ist zerschlagen. Wir brauchen einen Neuanfang.

- Was hast du in der Schule über Sexualität gelernt?
- Welche Werte wurden dir vermittelt?
- Welche Art von Sexualität wurde als gut dargestellt und welche als – böse?
- Wie erlebst du den sozialen Druck von deinem Umfeld?

Einflüsse der Medien

Die Medien sind nach der Familie und dem sozialen Umfeld zu einem ebenso mächtigen Instrument der Menschen*bild*ung geworden. Die Sprache deutet an, daß das Bild dabei eine wesentliche Rolle spielt, und zwar eine zweifache: als Mittel der Bildung und als Ziel der Bildung.

Eine Sturzflut von Bildern ergießt sich täglich durchschnittlich drei Stunden und vierzig Minuten in die Wohn- und Kinderzimmer. 98 Prozent aller Haushalte haben einen Fernseher, der für so lebensnotwendig erachtet wird, daß er vom Gerichtsvollzieher nicht gepfändet werden darf. 15,5 Prozent der 6–8jährigen und 34 Prozent der 9–10jährigen haben einen eigenen Fernseher im Kinderzimmer. Bei einem eigenen Fernsehgerät steigen die Sehzeiten der Kinder auf das Doppelte. Selbst wenn der Fernseher nicht im Kinderzimmer steht, können Eltern, die oft beide arbeiten, nicht kontrollieren, was Kinder sehen, sofern sie das überhaupt wollen.

Die allgemeinen Folgen sind:

- Übergewicht durch Mangel an Bewegung
- Hyperaktivität durch Reizüberflutung
- Sprachstörungen durch Mangel an Kommunikation
- Mangelnde Entfaltung der Phantasie durch Bildüberflutung
- Beeinträchtigung der Motivation und Fähigkeit zu lesen
- Je mehr Fernsehen, um so schlechter die Schulleistungen
- Je mehr Sex Jugendliche sehen, um so frühere sexuelle Aktivität

Über den Inhalt der Fernsehsendungen und die seelische Wirkung ist damit noch nichts ausgesagt. Natürlich kann man als Erwachsener mit dem Fernsehen bewußt umgehen und sich die Sendungen heraussuchen, die in einem inneren Zusammenhang mit den eigenen Interessen und Zielen stehen. Aber wer tut das? Kinder und Jugendliche gewiß nicht. In der Regel dient das Fernsehen jung und alt zu wahlloser Unterhaltung, den Eltern als Babysitter. Die bevorzugten Themen der Unterhaltung sind Gewalt und Sex. Von Jahr zu Jahr werden die Darstellungen brutaler und pornographischer, reißen immer neue Grenzen ein.

„Ist doch nur ein Film!" wirst du vielleicht sagen. Was tut es da, wenn gemordet und gequält und jede Form von sexueller Perversion zur Schau gestellt wird? „Was ich da sehe, ist keine Realität, das kann ich mir unbeschadet anschauen – zur Unterhaltung."

Diese Sicht ist eine Lüge des Sexualisierungsprojektes. Wir sind vom Gesundheitswahn besessen, fordern zu Recht saubere Nahrung, saubere Luft und sauberes Wasser, denn das hat Einfluß auf die Gesundheit des Körpers. Aber wir sind nicht nur Körper, sondern auch Seele und Geist. Die geistige Nahrung ist ganz entscheidend für die Bildung der Persönlichkeit. Sie kann aufbauend sein wie Brot, sie kann banal sein wie Zuckerwatte, sie kann verschmutzt sein wie eine Bahnhofstoilette, und sie kann giftig sein wie Arsen. Im Unterschied zu Geist und Herz ist der Körper dafür eingerichtet, Abfall- und Giftstoffe auszuscheiden, solange sie eine gewisse Grenze nicht überschreiten. Der Ausscheidungsmechanismus des Geistes ist das Vergessen. Aber wenn immer wieder derselbe Schmutz eingefüllt wird, gibt es kein Vergessen, sondern Prägung der Persönlichkeit. Es gibt Bilder, die sich dem Vergessen entziehen, Bilder, die schwere seelische Verletzungen zufügen, um so traumatischer, je jünger der Mensch ist, der sie sieht.

Was geschieht mit den Menschen, die sich täglich stundenlang wahllos der Medienflut überlassen?
Der Mensch ist, anders als das Tier, fähig zur Reflexion, er kann sich Gedanken über sich selbst machen. Er fragt: Wer bin ich?
Die Antwort empfängt er, je unbewußter er lebt, von seiner Umwelt. Das, was ich im Spiegel meiner Umwelt sehe, sagt mir etwas darüber, wer ich bin.
Der Medien-Spiegel sagt mir: So ist der Mensch: gewalttätig, sexsüchtig, gierig, seinen Leidenschaften und Begierden preisgegeben, frei von jeder ethischen Norm. Dieser Mensch ist eingekleidet in die Sehnsüchte des Betrachters nach Reichtum, Jugend, Schönheit und Macht. In diesen Spiegel schauen die Menschen täglich drei Stunden und vierzig Minuten – sollten sie ihrem Vor-Bild nicht ähnlich werden?
Dave Grossmann, amerikanischer Offizier und Militärpsychologe, stellte fest:
„Durch die Gewaltdarstellungen in den Massenmedien und gewaltgetränkte interaktive Videospiele werden Kinder und Teenager denselben Mechanismen ausgesetzt wie Berufssoldaten, die zum Töten konditioniert werden."[17]
Große Erschütterung geht durchs Land, wenn der durch die Bilder gesäte Same der Gewalt aufgeht – der schlimmste Fall in Deutschland war das Schulmassaker 2002 in Erfurt. Der Kanzler sprach am Tag danach vor den Kameras von einem runden Tisch mit den Medien-Verantwortlichen, um die Gewaltdarstellungen ein wenig zu zügeln. Das war's – bis zum nächsten Mal.
Es gibt so gut wie keinen Film mehr, in dem man nicht zum Voyeur sexueller Handlungen gemacht wird. Dabei ist es uner-

heblich, ob man die Geschlechtsteile sieht oder nicht. Erheblich ist, wie gut es dem Regisseur gelingt, den Sexualtrieb des Zuschauers anzustacheln, und zwar fast immer in Situationen des Ehebruchs. Voyeurismus ist laut Lexikon eine sexuelle Perversion. Ist es kein Voyeurismus mehr, weil diese Perversion zur öffentlichen Volksunterhaltung von groß und klein geworden ist?

Was früher als Pornographie in Videotheken unter dem Ladentisch gehandelt wurde, sieht man jetzt in den normalen Programmen, je lebensnäher, um so spannender, um so höher die Einschaltquoten. In den Talkshows des Nachmittagsprogramms bringen die Leute die Hölle, in der sie leben, ins Studio und tragen dort ihre Schlammschlachten aus. Jede Perversion bekommt ihre Bühne – und ihr Massenpublikum.

Sendungen wie *Big Brother* spiegeln das „zoistische Niveau", auf das diese Kultur gesunken ist. Nur eines zählt: Vermehrung von Lust und Vermeidung von Unlust. Das Ergebnis ist vollkommene Sinnentleerung. Früher oder später wird sich vor jedem, der nach diesem Prinzip lebt, ein Abgrund der Leere öffnen, an dessen Rand es nur zwei Möglichkeiten gibt: Umkehr in Richtung Sinn oder Betäubung mit Musik oder Drogen oder Sex oder Medienkonsum, um die Leere und Verzweiflung für ein kleines Weilchen nicht zu spüren und nach diesem Weilchen in ein um so schwärzeres Loch zu fallen.

Bilder von extremer Gewalt und pornographischer Sexualität können schwere seelische Verletzungen zufügen. Die Bilder dringen wie Gift in die Innenwelt ein, ein Gift, für das es kein Ausscheidungsorgan und keinen Arzt gibt.

Wer Pornographie anschaut, raubt sich die Unschuld. Wer Kinder Pornographie anschauen läßt, raubt ihnen die Unschuld.

Pornographiesucht grassiert. Sexualität als Ausdruck der Liebe ist unvereinbar mit Lust an Pornographie, denn diese ist Ausdruck erniedrigender Triebbefriedigung, die den Menschen, der sie betreibt, zerstört. Ein Mann kann nicht seine Frau lieben und ehren und achten und sich gleichzeitig an Bildern er*götzen*, auf denen Männer und Frauen sich gegenseitig zur Lustbefriedigung gebrauchen. Warum schaut man da gerne zu?? Freunde, die nach Irrwegen zur Ehe gefunden haben, erzählen mir, wie sie nach Jahren immer noch von diesen Bildern verfolgt werden, die wie Pop-up-Fenster in ihrem Gehirn aufblitzen, wenn sie lieben wollen.

Da die Fernsehprogramme mit solchen Bildern voll sind und Kinder weitgehend unbeschränkten Zugang zum Fernsehen haben, werden sie von frühester Kindheit an damit infiziert und schwer geschädigt. Das Internet schraubt diesen ganzen Prozeß noch tiefer in die Hölle der sexuellen Kriminalität – mit Kindern.

Die Zeitschrift *Bravo* mit ihren Abkömmlingen und Nachahmern (*girl, popcorn, Yam*) ist neben Fernsehen und Internet das wichtigste Instrument zur Pornographisierung der Jugend. *Bravo* hat im Jahr 2004 eine Auflage von 600 000, wobei man davon ausgehen kann, daß jedes Heft von mehreren Jugendlichen gelesen wird. Zielgruppe: Teenies ab 10 Jahre. Ich habe die Ausgabe Nr. 30 vom 14. Juli 2004 vor mir: Keine Seite, auf der nicht Sex der erbärmlichsten Variante, oft im Drogenmilieu, präsentiert wird. Auf Seite 1 wird Deutschlands „Star-Rapper" Sido mit Totenkopfmaske abgebildet, im Innern findet er sich mit Maske und Handschellen auf einem Poster zum Aufhängen. Der Name „Sido" steht laut eigener Aussage des Stars für „Scheiße in dein Ohr" oder „Super-intelligentes

Drogenopfer". Dazu der Text: „Im brandneuen Video zum Song 'Fuffies im Club' macht der Maskenmann mit scharfen Frauen rum. Am Bravo Star-Telefon erklärt er nun, warum er nur über 12jährigen sein Album 'Maske' empfiehlt – er hält es selbst für obszön. Wählt die [Telefonnummer] 0,49 Euro je Anruf aus dem Festnetz der Deutschen Telekom." Im Heft findet sich ganzseitig frontal abgebildet ein nackter Junge und ein nacktes Mädchen mit rasierten Schamhaaren samt Angabe von Personalien. Überschrift: „Wir liebten uns nachts am Strand ..." Daneben eine ganzseitige Anzeige für „Hautnah verhüten: paradiesisch einfach. Frauen, die viel unterwegs sind, wollen nicht jeden Tag ans Verhüten denken."
Warum lassen wir zu, daß Woche für Woche Hunderttausende Bravo-Hefte in die Hände von Kindern und Jugendlichen gelangen? Warum gehört es zur „Freiheit" dieser Gesellschaft, über die Medien die Jugend zu verderben? Oder ist es keine Jugendverderbung, wenn sie aufgefordert wird, „Scheiße in ihr Ohr" zu füllen? Könnte es sein, daß wir einen falschen Begriff von Freiheit haben, einen Begriff, der unsere Kultur zerstört?

Wie gehst du mit den visuellen Medien um?
Wieviel Zeit verbringst du in der Woche durchschnittlich mit
- Fernsehen?
- Internet?
- Videofilmen, Video- und Computerspiele?

Hast du Bilder gesehen, die dich belasten, die du nicht vergessen kannst?

Kulturzerstörung durch Staat und Medien

Die Beschreibung des Terrors der Sexualisierung könnte unbegrenzt fortgesetzt werden. Sexualität hat nämlich eine spezifische Dynamik: Wenn die Sexualität aus der Einheit der Person, die Körper, Seele und Geist ist, abgetrennt und zur Trieb-befriedigung erniedrigt wird, so führt das notwendig zur Erniedrigung der Person. Jeder Mensch sehnt sich nach Liebe. Er kann auf dem Weg der abgespaltenen Triebbefriedigung keine Liebe erfahren, nicht einmal mehr Befriedigung, so daß er weiter und weiter und weiter *getrieben* wird. Er wird süchtig und braucht zunehmend härtere Drogen, für deren Beschaffung er kriminell werden muß. Ob es das jemals zuvor gegeben hat, daß Säuglinge gestohlen, verkauft, vergewaltigt und entsorgt wurden? Gewiß geht nicht jeder, der die Sexualität aus der Liebe gelöst hat, diesen Weg bis zu Ende. Aber er hat den Weg verlassen, der zu einem erfüllten Leben führt, in dem er lernt zu lieben.

Staat und Medien und weltweite Organisationen haben sich verbündet, um die Jugend, ja schon die Kinder, in eine dem Trieb unterworfene Sexualität hineinzutreiben. Das geht um so leichter, je entwurzelter die Kinder durch die Zerstörung der Familie sind. Wie soll jemand zu Liebe, Bindung, Hingabe, Selbstbeherrschung fähig werden, wie soll er die Eigenschaften in sich entwickeln, die Voraussetzung von Familie sind, wenn er ständig vor Augen geführt bekommt, wie sich Menschen zum Objekt der Triebbefriedigung herabwürdigen? Wenn sich eine Kultur der Gier nach Lust ausliefert, dann zerstört sie sich selbst. Die Liebe hat keinen Raum mehr, denn das Zuhause der Liebe ist die Familie.

Kinder und Jugendliche bekommen von dieser Kultur die Botschaft: Lebe deine Sexualität auf der Ebene des Triebes, laß dich von deinem Trieb beherrschen!
Das ist es, was das Tier tut. Unwin nennt deswegen Gesellschaften, die die Möglichkeiten zur Triebbefriedigung nicht begrenzen, *zoistisch. Zoon* heißt Tier auf griechisch. Aber das Tier ist besser daran als der Mensch, denn es ist seinem Trieb unterworfen *und wird von ihm begrenzt.* Es lebt auch in sexueller Hinsicht in unüberschreitbaren Grenzen, die es in die Naturordnung einfügen. Unterwirft sich der Mensch dem Trieb, dann verwirkt er das, was ihn vom Tier unterscheidet und Gott ähnlich macht: die Freiheit des Willens. Er wird, wie das Tier, seinem Sexualtrieb ausgeliefert, aber er wird, anders als das Tier, nicht von diesem Trieb begrenzt.
Der Mensch hat die „Freiheit", sich nicht in die Schöpfungsordnung einzufügen. Er hat die „Freiheit", sich selbst zu zerstören, die Menschen, die von seinen Handlungen betroffen sind, und schließlich die Kultur, in der er lebt. Es ist dem Menschen vorbehalten, Kinder zu mißbrauchen und daraus Lust zu gewinnen. Ein Tier kann das nicht. Der Mensch hat die Gabe des freien Willens und entscheidet sich, bewußt oder unbewußt, ob er will oder nicht, zwischen Gut und Böse. Eine lebensfähige soziale Ordnung existiert nur dadurch und nur so lange, wie über Grundwerte des Guten Einigkeit besteht, die in Gesetz und Tradition Geltung erlangen. Wenn es in einer Gesellschaft verpönt ist, zwischen Gut und Böse zu unterscheiden und die jeweils nachwachsende Generation zum Streben nach dem Guten zu erziehen, wenn sie vielmehr systematisch von der älteren Generation zum Bösen verführt wird, dann ist dies das Ende der Kultur.

Wer verändert die Gesetze so, daß jede Beschränkung der Sexualisierung aufgehoben wird? Wer genehmigt und bezahlt Broschüren, wie die oben zitierten? Wer macht die Lehrpläne zum Sexualkundeunterricht? Wer läßt zu, daß die Procter & Gamble-Broschüre über die Schulen an die Kinder kommt? Wer produziert *Bravo*? Wer macht die Fernsehprogramme? Wer genehmigt die Fernsehprogramme, in denen der triebhafte und erniedrigte Mensch als normal vorgeführt wird? Wer verdient daran?

Es sind nicht die jungen Menschen. Es ist die ihnen vorausgehende, Kultur gestaltende Generation, die dies alles tut. Nicht ihr, sondern wir. Aber ihr werdet uns ablösen. Auf welcher Grundlage wollt ihr das tun?

Die verheerenden Folgen sind für jeden offensichtlich. WER WILL DIESE FOLGEN? Gibt es Strategen, die Interesse daran haben, das Volk zu *demoralisieren* – im doppelten Wortsinn der Zerstörung der Moral und der Zerstörung von Hoffnung und Zuversicht?

Die Jungen, die Kinder sind die verführten Opfer. Aus den Jungen werden aber Erwachsene, die bald diese Gesellschaft gestalten werden. Groß ist das Erschrecken, wenn die Saat aufgeht in Leistungsverweigerung, Krankheit, psychischen Störungen, Randale, Gewalt, Kriminalität, Selbstmord. Wie werdet ihr mit uns umgehen, wenn wir, in Massen in Altersheime gepfercht, auf euch angewiesen sind?

Wer eine solche Sicht für übertrieben hält, der möge zeigen, daß sich die Gesellschaft auf einem guten, zukunftsfähigen Weg befindet. Er möge zeigen, daß Sexualisierung mit der Stabilität der Familie vereinbar ist, und wenn er das nicht kann, möge er zeigen, wie eine Gesellschaft, in der Ehe und Familie zerschlagen werden, Menschen hervorbringt, die demokratiefähig sind.

Wo ist der Widerstand der Elternverbände, der Lehrerverbände, der Psychologen, verantwortlicher Redakteure in den Medien? Wo ist der Widerstand von Bundestagsabgeordneten? Wo ist der Widerstand der Christen? Wo ist aktiver, engagierter, eindeutiger, harter Widerstand der Kirchen? Wo ist das Geld der Kirchen für den Widerstand, den kleine Gruppen leisten? Auf welche Bischöfe werdet ihr stolz sein, wenn das Desaster offenbar ist?

Warum gibt es so wenig Widerstand?

Ich kann dir darauf keine Antwort geben. Ich begreife es nicht. Ich kann dich nur warnen. Dieser Prozeß ist noch nicht am Ende. In welcher Welt werden deine Kinder aufwachsen? Der Staat will die „Lufthoheit über den Kinderbetten". Warum will er Milliarden dafür ausgeben, die Kinder bereits als Säuglinge den Müttern zu entreißen und sie in Kinderkrippen zu kollektivieren? Der einzige Trost ist, daß der Staat diese Milliarden nicht mehr hat.

Es gab Zeiten, da wurde durch die Autoritäten von Staat, Kirche, Schule, Familie der nächsten Generation *Tugend* vermittelt. Heute sprechen wir lieber von *Werten*, weil dieser Begriff weniger Handlungsanspruch hat. Tugend ist ein in Handeln umgesetzter Wert. Tugend erwirbt ein Mensch durch bewußtes Praktizieren des Guten. Zu allen Zeiten ist der Mensch in diesem Ringen in die Irre gegangen und gescheitert, aber heute hat er das Ziel preisgegeben und damit das Wort, das es ausdrückt: *Tugend*. Auch dieses Wort hat die Spaßgesellschaft gestohlen und auf den Schrotthaufen geworfen. Aber auf dem Schrotthaufen der Geschichte wird sie selber

landen, wenn die Tugend nicht wieder dorthin gestellt wird, wohin sie gehört, nämlich ins Zentrum der Erziehung.
Nur ihr, die Jugend, könnt diese Umkehr vollziehen. Viele Autoritäten sind zu Verführern zum Bösen geworden. In euren jungen Händen, die ihr für Leben und Zukunft steht, liegt die Autorität zur Umkehr. Wer könnte euch hindern? Brennt nicht die Sehnsucht nach Liebe, nach Treue, nach Geborgenheit, nach Zärtlichkeit, nach Reinheit, nach Achtung, nach Schönheit und Wahrheit, nach einem Gefährten für das ganze Leben, nach Familie und Kindern in deinem Herzen? Falls du den Angeboten der Zeit gefolgt bist und frühzeitig in sexuelle Beziehungen hineingerutscht bist, so könnte diese Sehnsucht von Enttäuschungen vernebelt sein. Wenn du aber an die Wurzel der Enttäuschung gehst, so wirst du sie dort finden. Folge dieser Sehnsucht! Das Leben und Gott sind auf deiner Seite.

Hier noch ein paar Fragen, mit denen du dir bewußt machen kannst, wo du in deinen Beziehungen stehst:

- Wenn du noch keine sexuelle Beziehung hattest: Wie fühlst du dich?
- Wertest du dich deswegen irgendwie ab oder bist du stolz darauf?
- Schreibe der Reihe nach auf, mit wem du sexuelle Beziehungen hattest und wie es dir dabei ging.
  Hast du Enttäuschungen und Verletzungen erlitten?
  Hast du Enttäuschungen und Verletzungen zugefügt?
- Wenn du jetzt in einer sexuellen Beziehung lebst:
  Hast du Angst, daß du verlassen werden könntest?
  Fühlst du dich eingeengt? Möchtest du deinen Freund, deine Freundin heiraten?
  Warum tust du es nicht? Sprecht ihr offen darüber?
- Was würdest du tun, wenn du/deine Freundin schwanger würde? Vater und Mutter werden? Abtreiben?
- Möchtest du heiraten und Kinder haben?
- Wartest du auf die große Liebe?

Sehnsucht

Jeder Mensch hat eine große Sehnsucht: geliebt zu werden und zu lieben. Jede andere Sehnsucht ist dieser untergeordnet.
Woran merkst du, daß du geliebt wirst? Gibt es einen Menschen, von dem du ganz sicher bist, daß er dich liebt? Hast du diese Erfahrung irgendwann in deinem Leben gemacht? Hast du sie als Kind gemacht?
Die Erfahrung der Liebe zwischen Mutter und Kind, zwischen Freund und Freund, zwischen Mann und Frau ist unterschiedlich, aber immer hat sie den Charakter des freien Geschenks. Sonst ist es keine Liebe.
Gibt es eine Person, die innige Freude an dir hat? Wenn du ihr begegnest, siehst du die Freude auf ihrem Gesicht, wenn du anrufst, hörst du die Freude in ihrer Stimme. Die Person, die dich liebt, sieht das Gute und Schöne in dir. Sie sieht auch die Schwächen, aber sie liebt dich – mit deinen Schwächen. Sie wünscht dir von ganzem Herzen das Gute und tut, was sie kann, um dein Wohl zu mehren. Wenn es einen Konflikt gibt zwischen ihren Bedürfnissen und deinen und sie mit freudigem Herzen auf ihre Bedürfnisse verzichtet, damit deine erfüllt werden, dann weißt du sicher, daß sie dich liebt.
Woran merkst du, daß du liebst? Du möchtest mit der geliebten Person zusammensein, du freust dich an ihr, du liebst ihr Wesen, ihren Charakter, ihr Aussehen, ihre Gesten, die Art,

wie sie sich bewegt und spricht. Du siehst und liebst das Gute und Schöne in ihr. Du fühlst dich durch sie bereichert, erfüllt, beglückt. Ohne sie wäre dein Leben arm. Du willst von ganzem Herzen, daß es ihr gut geht, und tust dafür, was du kannst. Nichts macht dir mehr Freude, als das Schöne und Kostbare, das du besitzt, mit ihr zu teilen. Du bist bereit, zu verzichten – ihr zu Liebe.

Liebe kann nur aufblühen, wenn sie erwidert wird. Wenn du liebst, ohne geliebt zu werden, leidest du. Und wenn du geliebt wirst, ohne zu lieben, mußt du diese Liebe zurückweisen, sonst machst du dich schuldig.

Warst du schon einmal bis über beide Ohren verliebt – glücklich verliebt, so daß der Liebesstrom, der von dir zu der geliebten Person ausging, ebenso stark zurückkam?

Mit einem Mal ist das Gefängnis des Egoismus gesprengt. Du kreist nicht mehr um dich selbst, sondern um dein geliebtes Gegenüber. In deinen Augen und in deinem Herzen wohnt die geliebte Person, und du selbst spiegelst dich in ihrem liebenden Blick. Die Welt scheint dir zu Füßen zu liegen. Der Pegel deiner Möglichkeiten springt nach oben. Überall siehst du offene Türen.

Wenn du das schon einmal erlebt hast, dann weißt du: Die Liebe will Dauer, die Liebe will Treue, die Liebe will Hingabe. Wenn du und dein Geliebter, deine Geliebte, im Herzensgrund getroffen sind, dann kennst du den Impuls: Ich will mich dir schenken, und weil ich das will, macht mich nichts glücklicher, als wenn auch du dich mir zum Geschenk machst.

Welch großes Risiko!

Diese Erfahrung gibt es. Die Dichter aller Zeiten haben sie besungen: die Sehnsucht, die Augenblicke der Erfüllung, das

Scheitern und auch das Reifen der Liebe. Lieben muß man lernen. Die Lehrzeit beginnt, wenn die erste Verliebtheit abflaut, und sie endet mit dem Tod.
Hingabe, Treue, sich dem anderen schenken – das sind große Worte. Viele stolpern in sexuelle Beziehungen hinein, ohne daß die Liebe überhaupt eine Chance hatte, das Herz tief zu berühren und zu ergreifen.
Die Sehnsucht nach Liebe kann verschüttet sein, wenn sie keine Antwort bekommen hat, schwer enttäuscht oder verletzt wurde, vielleicht schon in ganz frühen Jahren. Sie kann verschüttet sein, wenn ein Mensch, ohne die Enttäuschung bewußt zu verarbeiten, dann seine Sehnsucht auf Ersatzbefriedigungen richtet: auf Konsum, auf Macht, auf Ruhm, auf Sex.
Unsere Kultur treibt die Menschen, vor allem euch, die Jungen, mit aller Macht in die Ersatzbefriedigung, so sehr, daß die Vision der Liebe selbst verdunkelt wird.
Für Jugendliche kann das heißen: Markenklamotten, das neueste Handy, Auftritt im Fernsehen, Schönheitsoperationen, möglichst viele Sex-Partner. Die Sehnsucht nach Liebe wird verführt und betrogen, wenn sie auf Wege geleitet wird, auf denen Liebe draufsteht, aber Benutzen und Benutztwerden drin ist.

Wie kannst du wissen, ob du dich auf Ersatz eingelassen hast? Ganz einfach: Wenn du bekommst, was du willst, und dich doch wieder einsam und leer fühlst, sobald der Kick vorbei ist. Manche Leute schaffen es, einen Kick an den anderen zu reihen, so daß sie die Leere und Einsamkeit nicht spüren – eine Zeitlang. Irgendwann entsteht ein Zwischenraum durch enttäuschte Liebe, Arbeitslosigkeit, Unfall, was auch immer, und da reißt sie ihr Maul auf, die Leere und die Einsamkeit.

Ich schlage dir vor, mache es dir gemütlich, nimm dir Zeit und erlaube dir zu träumen, wie es schön gewesen sein könnte, wie es schön sein kann, wie es schön werden könnte. Wenn du sehr weit davon weg lebst, kann so ein Traum schmerzhaft sein. Aber gerade dieser Schmerz kann der Anfang sein, daß der Traum in deinem Leben Wirklichkeit wird. Wo immer du stehst, wenn du diese Zeilen liest – es liegt in deiner Hand, die Weichen deines Lebens in Richtung Liebe umzustellen. Das kann schwer sein, das kostet dich etwas, aber nichts lohnt sich mehr.
Manchmal wird in diesem Traum Gott auftauchen. So verdunkelt die Liebe in unserer Zeit ist, so verdunkelt ist auch Gott. Jeder Mensch, der *erfahren* hat, daß es Gott gibt, hat erlebt, daß Gott die Liebe ist. Wir werden noch darauf zu sprechen kommen. Jetzt genügt es, daß du nicht Anstoß daran nimmst, daß Gott im Leben von Menschen eine Rolle spielt, auch wenn du selbst vielleicht noch nicht erfahren hast, daß Gott dich liebt.

Lassen wir nicht zu, daß uns auch noch der Traum von der Liebe gestohlen wird! In den Medien sehen wir fast nur noch Sodom und Gomorra. Es ist merkwürdig: Schlechte Träume, Horrorträume, Höllenträume werden überall öffentlich geträumt, ihnen fließt das große Geld der Kulturetats, der Fernsehsender, der Filmproduzenten zu. Gute Träume gelten als unrealistisch, kitschig, schnulzig, langweilig, nostalgisch, lächerlich, einfach als völlig *out of date*. Aber wenn wir von der Liebe nicht mehr träumen können, wird es die Liebe nicht geben. *Ein Leben, in dem die Liebe den roten Faden spinnt, ist möglich, ist heute möglich, ist für dich möglich.* Erobern wir uns den Traum von der Liebe zurück!

Ich träume überwiegend aus der Sicht der Frau, weil ich eine Frau bin. Aber es hat noch einen tieferen Grund: Es ist die Frau, die von ihrem Wesen her mehr auf Liebe und Hingabe angelegt ist als der Mann. Ihre Bestimmung ist es, den Mann liebend lieben zu lehren. Wo kann die Liebe noch heimisch werden, wenn die Frau aufhört, zu lieben – als Braut, als Ehefrau und als Mutter?

Hättest du gerne Eltern, die einander lieben, bis daß der Tod sie scheidet? Hättest du gerne eine liebende Mutter und einen liebenden Vater? Wärest du gerne eine anziehende Frau, um die ein kraftvoller Mann wirbt? Wärest du gerne ein selbstbewußter Mann, der eine Prinzessin erobert? Würdest du gerne deine eigene Familie auf das Fundament eines unverbrüchlichen Ja-Wortes bauen? Träumen wir also:

Empfangen

Da waren ein Mann und eine Frau, die liebten sich so sehr, daß sie zueinander sagten: Mit dir will ich durchs Leben gehen. Sie heirateten. Sie schenkten sich einander in liebender Umarmung, offen für den anderen, offen für ein Kind. Dieses Kind warst du. Nach neun Monaten bist du aus dunkler, sicherer Wärme im Leib deiner Mutter ins Licht der Welt gekommen, freudig erwartet von deinen Eltern und deren Familien, begrüßt als das Kostbarste, was es auf der Welt gibt: ein neuer Mensch.

Deine Mutter hast du vom ersten Augenblick an erkannt am Herzschlag, an der Stimme. Du bist Fleisch von ihrem Fleisch. Sie hat dich angeschaut, staunend, ergriffen: ein Mensch, ein Geschenk, ein Geheimnis, in ihr gewachsen, aus ihr hervorgekommen und doch nicht von ihr gemacht. Die winzigen Finger,

die Ohren, der Duft des Neugeborenen, der Blick, in dem das Jenseits noch Schatten wirft. Der Liebesblick zwischen ihr und dir in den ersten Tagen ist wie ein Zündfunken, der eine unauflösliche Bindung zwischen dir und deiner Mutter entstehen läßt.
Du hast deine kleine Nase in die weiche Brust deiner Mutter gedrückt, und jeder Schluck Milch war ein Schluck Liebe.
Vielleicht hat dein Leben so begonnen. Ich kenne Menschen, bei denen es so war. Ich kenne heute junge Eltern und Kinder, bei denen es so ist. Wenn es bei dir nicht so war – wünschst du dir, daß es so gewesen wäre? Wünschst du dir eine Welt, in der Kinder so geboren werden? Eine Welt, in der zumindest das Ideal aufgerichtet ist, an dem sich die Sehnsucht festbinden läßt, um deinem Lebensschiff die Richtung zu weisen?

Wissenschaft, wem dienst du?

Oder wäre es dir lieber gewesen, daß du im Reagenzglas gezeugt worden wärest, daß du die ersten Jahre deiner menschlichen Existenz in einer Kühltruhe zugebracht hättest, daß deine Mutter sich den Samen deines Vaters auf der Samenbank besorgt hätte, daß deine Eltern dein Geschlecht und sonstige Eigenschaften durch genetische Manipulation bestimmt hätten, daß du im Bauch einer anderen Frau herangewachsen wärest?
Natürlich nicht. Wer will das schon. Und dennoch leben wir in einer Gesellschaft, in der all dies geschieht und ein Großteil der wissenschaftlichen Intelligenz und des politischen Willens darauf gerichtet ist, dies alles möglich zu machen – weil es Geld bringt, viel Geld, den Irrsinn der wildgewordenen Bedürfnisse der Menschen zu bedienen.

Klein zu Hause

Nach und nach hast du begonnen, die Welt zu erkunden. Deine kleine Welt war dir völlig vertraut. Du kanntest jeden Winkel in Haus und Garten. Deine Geschwister haben mit dir gespielt. Immer war jemand da, meistens die Mama, als du älter wurdest auch öfter der Papa, manchmal die Großeltern. Alle waren begeistert über deine ersten Zähne, deine ersten Worte, deine ersten Schritte, wie du zum ersten Mal selber auf den Topf gegangen bist. Über dein glockenhelles Lachen, das du über die Welt ausschüttetest, über die zarten Sabberküßchen, die du verteiltest, über den tiefen Frieden in deinem Gesicht, wenn du schliefst, über deinen ruhigen, unbestechlichen Blick, über deine kreativen Sprachschöpfungen – ein Motorrad nennst du „Trullalan" und das Rück(g)rad „Rhythmusradl". Weniger begeistert waren sie, als sie nachts dreimal aufstehen mußten, als du mit dem Lippenstift deiner Mama Muster an die Wand gemalt, deiner Schwester die Haare abgeschnitten, dem Hund das Gulasch gefüttert hast und als du im Restaurant in den höchsten Tönen gebrüllt hast, so daß man vermutete, du werdest einmal die Königin der Nacht in der Oper singen.

Wäre das schön gewesen? Hättest du dir gewünscht, so Kind zu sein?

Klein in der Kinderkrippe

Oder wärest du lieber mit drei Monaten in die Kinderkrippe gekommen zu fremden, wechselnden Menschen, hättest dir dort die Lunge aus dem Leib geschrieen nach deiner Mama und deinem Papa, bis du schließlich aufgegeben hättest? Und wenn

dann abends das Gesicht deiner gestreßten Mama aufgetaucht wäre, dann hättest du kaum mehr die Kraft gehabt, dich richtig zu freuen. „Das vergeht", hätten ihr die staatlich geprüften Betreuerinnen in der Krippe gesagt.
Ja, die Liebeskraft des kleinen Kindes vergeht, sein unbändiges Vertrauen zu den Menschen und zu sich selbst.

Hormonstoß

Du bist in deiner fröhlichen Familie fröhlich in die Pubertät gekommen. Du hast viel mitbekommen von deinen Eltern, von deinen Geschwistern. Familie ist wie ein Whirlpool, der das Leben in seinen Bann zieht: Geburt und Tod, Feste und Krisen, Verwandte, Freunde der Eltern, Freunde der Kinder, Musik, gute Lehrer, schlechte Lehrer, Erfolge und Mißerfolge, Streit und Versöhnung. Das Wichtigste: Du hast erlebt, daß die Liebe deiner Eltern das Gefäß ist, in dem dieser Whirlpool seine magnetische Kraft entfalten kann.
Nun wird plötzlich alles anders. Dein Körper verändert sich. Du schließt das Badezimmer hinter dir ab. Du kaufst deinen ersten BH oder einen Rasierapparat, obwohl du noch gar keinen brauchst. Die Arme und Beine wachsen aus den Ärmeln und Hosenbeinen heraus. Deine Stimme kratzt und fällt in den Keller. Haare wachsen, wo es vorher auch ohne Haare ging. Wenn du ein Junge bist, setzt die Pubertät bis zu zwei Jahren später ein als bei Mädchen, aber dann mit Pauken und Trompeten. Vom Hormon Testosteron – das ist der Stoff des sexuellen Verlangens bei Männern und Frauen – wird bei dir zwanzigmal mehr ausgeschüttet als bei Mädchen. Kein Wunder, daß jeder Busen, der sich unter einem T-Shirt abzeichnet, jeder freie Bauch deinen Blick magisch anzieht. Wenn du ein

Mädchen bist, wird es dir ganz wichtig, dich schön zu machen, zu erleben, daß du attraktiv bist. Du bekommst Herzklopfen, wenn dir der super coole Stefan aus drei Klassen über dir ein „Hi, Kleine!" zuruft. Vielleicht triffst du ihn am Samstagabend auf der Party?
Der erste Kuß, die erste streichelnde Hand auf dem Busen wirken, als hättest du in dir einen Marschflugkörper in Gang gesetzt. Hilfe – was tun? Tun, was alle tun? Einfach den Dingen ihren Lauf lassen?
Aber du hast eine Menge anderer Interessen, bist in einer Theatergruppe oder einem Jugendorchester, spielst in der Handballmannschaft, planst eine Radeltour nach Sizilien, arbeitest in der Schülerzeitung mit, willst nächstes Jahr als Austauschschüler ein Jahr nach Amerika, du hast eine Menge spannender Sachen zu tun ... Jetzt schon eine „Beziehung"? Du schaust dir an, wie es den anderen geht. Die meisten haben heftige Enttäuschungen hinter sich, reden kaum noch über etwas anderes. Nein, darauf hast du gar keine Lust.

Vater – Sohn

Wie das so angefangen hat mit der tiefen Stimme, ist dein Vater mit dir, seinem Sohn, ein Wochenende weggefahren. Ihr habt eine Bergwanderung gemacht, auf einer Hütte übernachtet. Da hat er mit dir geredet, wie das bei ihm war. Wie er deine Mutter kennengelernt hat: Die und keine andere, das wußte er vom ersten Augenblick. Was er sich alles hat einfallen lassen, als er um sie warb. Wie er ihr den Heiratsantrag gemacht und sie „ja" gesagt hat. Er kommt ins Schwärmen, wenn er über die Verlobungszeit spricht. Gerade weil sie noch nicht miteinander

geschlafen haben, waren sie beide wie auf Wolke sieben. Kein Weg zu lang, keine Telefonrechnung zu teuer ... Sie haben sich das gemeinsame Leben ausgemalt, die Familien kennengelernt, die Freunde des anderen und vor allem einander. Jeder konnte sehen, daß ihnen das Glück aus den Poren strahlte.
„Weißt du, Junge, das war eigentlich die schönste Zeit unseres Lebens. Ich glaube, es hat damit zu tun, daß wir uns immer noch lieben. Du kannst deine Liebe in kleiner Münze ausgeben oder warten, bis sie zu einem großen Goldstück geworden ist. Dann suchst du die Frau, die es wert ist, daß du ihr dieses Goldstück schenkst. Mädchen, die mit dir ins Bett gehen, findest du überall. Willst du das? Nur weil es alle machen? Kann sein, daß du dich morgen verliebst. Und dann steckst du plötzlich in einer Beziehung, hast nur ein halbes Ja gesagt und zahlst teuer mit deiner jugendlichen Freiheit. Früher gingen die Gesellen auf die Walz. Manchmal sieht man auch heute noch einen am Straßenrand mit breitem schwarzem Hut und einem Bündel über der Schulter. Sie waren drei Jahre lang unterwegs, hatten nur das Allernötigste dabei, durften nicht nach Hause kommen, durften bei keinem Meister länger als drei Wochen bleiben ... Weißt du, wie sie wieder nach Hause gekommen sind? Als Mann! Das Programm hieß: erst lernen bei einem Meister, dann raus in die Welt. Ade, Mama und Papa. Auf eigenen Füßen stehen, Entbehrung ertragen, Kämpfe bestehen, die eigene Existenz mit eigener Arbeit bestreiten, verschiedenste Meister kennenlernen und von ihnen lernen, sich nicht einnisten – frei sein! Auch wenn du nicht auf die Walz gehst – wenn du ein Mann werden willst, sind das die Zutaten. Binde dich nicht, erobere die Welt und nimm dich selbst in Besitz! Sex bindet, ob du willst oder nicht.

Klar ist es ein Verzicht. Aber einer, bei dem du Mann wirst. Du wirst merken, daß du mehr Kraft hast, mehr Durchblick, mehr Selbstbewußtsein als die Jungens, die damit angeben, daß sie Frauen flachlegen. Laß sie nur reden! Jetzt ist die Zeit für gute Freunde. Weißt du, wir Männer haben Frauen jahrhundertelang unterdrückt, entrechtet, sexuell mißbraucht. Laß es uns wieder gut machen, mein Sohn! Verletze Frauen nicht, selbst wenn sie sich dir anbieten und gar nicht wissen, was sie sich antun. Suche die Prinzessin! Du bist ein toller Junge. Ich bin stolz auf dich, mein Sohn."

Mutter – Tochter

Wie das angefangen hat mit den Monatsblutungen oder vielleicht ein wenig vorher, da ist deine Mutter ein Wochenende mit dir ins Ferienhaus von Freunden gefahren. Sie hat dir erzählt, wie das bei ihr war. Daß sie ein Dutzend Verehrer hatte, mit denen sie die tollsten Unternehmungen gemacht hat in einem Pulk von jungen Leuten. Eines wußte sie ganz sicher: Schlafen wollte sie mit keinem vor der Ehe. Entweder ganz oder gar nicht. Daß sie Kinder haben wollte, das wußte sie auch ganz sicher, aber dafür brauchte sie den richtigen Mann, eben *einen richtigen Mann*. Der dreizehnte Verehrer, der war es dann. Eineinhalb Jahre waren sie verlobt, dann gab es eine wunderbare Hochzeit. Du kennst die Fotos ja schon lange, du hast sie dir bereits als kleines Mädchen angeschaut. Wie schön deine Mama da aussieht, wie sie sich so ein bißchen zurücklehnt an die Schulter von deinem Papa. Ja, so möchtest du auch mal heiraten.

Ihr macht einen Abendspaziergang und setzt euch auf eine

Bank am See. Deine Mutter sagt:„Ich habe dir etwas zu sagen. Willst du mir ein Weilchen zuhören?" Du nickst.
„Du bist jetzt eine Frau. Die nächsten 35 Jahre bekommst du einmal im Monat deine Tage. Jeden Monat bist du an einigen Tagen bereit, ein Kind zu empfangen und Mutter zu werden.
Weißt du, was das Wichtigste ist, was du als Frau in die Welt bringen kannst? Was meinst du? Ich will es dir sagen: LIEBE. Frauen sind dazu da, die Welt lieben zu lehren. Sie können es einfach besser als die Männer. Lieben kann man nur, wenn man Liebe empfangen hat. Deswegen ist die Liebe zum Kind in der Mutter so natürlich wie die Milch in ihrer Brust. Wenn eine Frau ein Baby sieht, weiten sich ihre Pupillen, du weißt ja selbst, wie hingerissen du bist, wenn du irgendwo ein Baby siehst. So fängt das kleine Wesen sein Leben – normalerweise – im Raum der Liebe an, und in diesen Raum kann die Liebe strömen, die es mitbringt. Was spielen kleine Mädchen? Sie spielen Mutter für ihre Puppen, füttern und baden und kämmen und kleiden und erziehen sie.
Glaub nicht, dies sei alles nur kulturelle „Konditionierung". Wir sind nun einmal diejenigen, die Kinder bekommen, wir haben Brüste, die Milch geben. Das heißt beileibe nicht, daß wir nicht auch einen Verstand hätten, der ebenso tief denken kann, wie der Verstand von Männern. Wenn wir unser Frausein dabei bewahren, dann ist unser Denken an das Leben gekoppelt.
Meine liebe Tochter, das Leben auf dieser Erde ist gefährdet. Wir Frauen sind die Lebensspenderinnen. Unser Auftrag ist es, das Denken und all unsere Fähigkeiten in den Dienst des Lebens, in den Dienst des Menschen zu stellen. Das kannst du als Mutter tun, das kannst du als Parlamentsabgeordnete tun,

das kannst du als Wissenschaftlerin oder als Künstlerin tun. Die Männer werden sich vom Geist der Frau nur leiten lassen, wenn wir sie nicht beherrschen wollen. Wir wollen lieben und sie lehren zu lieben. Wenn wir Frauen das nicht tun – von wem sollten sie es lernen? Alle brauchen dazu die Verbindung mit der Quelle der Liebe, und die ist Gott. Du erlebst ja, woher ich meine Kraft bekomme, um Ehe und Kinder und Beruf und Haus und Garten unter einen Hut zu bekommen.
In der Schule jedenfalls lernt ihr das nicht. Wir haben dich nicht in den Sexualkundeunterricht gehen lassen, weil dir dort mit zehn Jahren beigebracht wird, wie man ein Kondom benutzt, anstatt daß sie euch auf Ehe und Familie vorbereiten. Sie sagen euch, Sex ist fun, aber weißt du, Sexualität ist viel, viel mehr. Sexualität ist der höchste Ausdruck der Liebe zwischen Mann und Frau, ja, sie kann das menschliche Abbild der Liebe des dreieinigen Gottes sein. Im sexuellen Akt kann ein Mensch entstehen. Das ist etwas unfaßbar Großes. Dein Vater und ich, wir haben gelernt, uns in den natürlichen weiblichen Rhythmus einzufügen. Es wird immer schöner zwischen uns. Dazu kann ich dir ein Buch geben.[18] Wenn du mit einem Mann schläfst und Angst haben mußt, daß du schwanger werden könntest, dann ist das wie eine Amputation. Und wenn doch ein Kind kommt? Dann stehst du vor der schlimmen Entscheidung: Entweder ich werde Mutter, obwohl ich es nicht will, oder ich töte mein Kind."
„Das tu ich niemals!"
„Wie froh bin ich, daß du das sagst. Du mußt dir dann sehr klar sein, wie du mit deiner Sexualität umgehst. Weißt du, jede Berührung des Körpers ist eine Berührung der Seele. Wenn der Körper benutzt wird, leidet die Seele. Am Anfang einer

Beziehung ist alles von der ersten Verliebtheit überblendet. Im Handumdrehen seid ihr in eine sexuelle Beziehung hineingerutscht, und plötzlich merkt ihr, daß es keineswegs nur Spaß ist, sondern daß ihr aneinander gebunden seid, die Frau meistens viel tiefer als der Mann. Davor bewahrt dich keine Pille und kein Kondom. Wenn ihr euch wieder trennt, ist deine Seele verwundet. Keuschheit vor der Ehe kostet Verzicht, aber sexuelle Beziehungen ohne Bindung und Treue kosten Herzblut und vielleicht eine glückliche Familie.
Jetzt kommt die Zeit der größten Freiheit in deinem Leben. Du hast ganz allein für dich Verantwortung, nicht für einen Mann, nicht für Kinder. Jetzt ist die Zeit, in der du lernst, dir einen Freundeskreis aufbaust, ins Ausland gehst, entdeckst, was interessant ist in der Welt. Das geht alles viel besser ohne Liebes-dramen.
Ich wünsche dir, meine Tochter, daß du den Höhenweg der Liebe gehst. Du bist ein prachtvolles Mädchen. Irgendwo gibt es schon jetzt einen ganz wunderbaren Mann, der sich darauf vorbereitet, die Prinzessin zu erobern."

So könnte eine Mutter mit ihrer Tochter sprechen. Hättest du dir das gewünscht? Wünschst du dir das? Oder hältst du es für kalten Kaffee aus der Kanne deiner Großmutter? Höre die Geschichte von Nina, mitten aus dem richtigen (?) Leben.

Alleingelassen

Nina hat mit zwölf Jahren ihre Tage bekommen. Niemand hat mir ihr gesprochen. Ihre Orientierung in Sachen Sex bezieht sie vor allem aus dem Fernsehen und aus *Bravo*. Sie liest das wöchentliche Jugendmagazin heimlich, weil ihre Mutter das nicht will. Manchmal haben sie Streit über das Anziehen. „So kannst du doch nicht in die Schule gehen!" „Alle gehen so!", ist ihre Antwort. Ihr Stiefvater schaut sie eigentlich gar nicht an. Nina hat angefangen, sich so zu schminken und anzuziehen, daß sie die Blicke der Männer auf sich zieht. Da fühlt sie, daß sie für andere interessant ist.

Beim ersten Besuch beim Frauenarzt läßt sich Nina die Pille verschreiben. Sie hat sich in Sigi verliebt. Er ist der Älteste in der Klasse, weil er schon zweimal sitzen geblieben ist. Seinen Vater kennt er gar nicht. Ist ein netter Typ, findet Nina. Sie treffen sich in der Disko. „Ciao, Mama, ich schlafe heute bei Karin." Er kauft ihr zwei Alcopops, und sie kauft sich noch zwei dazu. Um halb drei gehen sie zu ihm nach Hause. „Sind deine Eltern da?" fragt Nina. „Ja, das ist okay. Der Freund meiner Mutter ist auch da." Am nächsten Morgen ist Nina ihre Jungfräulichkeit los. Sie geht allein nach Hause, fühlt sich elend, irgendwie schmutzig und mißbraucht. Sie weint auf dem Weg. Aber warum nur, ist doch ganz normal. „Was ist mit dir, Kind?" fragt die Mutter. „Ach, gar nichts", antwortet Nina, „hatte gestern Ärger mit Karin, aber ist schon wieder in Ordnung."

Nina geht noch ein paar Monate mit Sigi, dann merkt sie, daß der noch mit Steffi schläft. Sie wird wütend, brüllt ihn an, er soll abhauen – und ist allein. Sie fällt in ein Loch: Keiner mag mich. Niemand ist für mich da. Mit ihrer Mutter kann sie nicht sprechen. Mit dem Stiefvater erst recht nicht, und ihr eigener Vater hat wieder geheiratet. Er zahlt Unterhalt und schickt ihr zum Geburtstag hundert Euro, that's it. Sie hat keine Lust, zu lernen, knallt sich vor den Fernseher und schläft öfter dabei ein. Immerhin, mit ein paar Freundinnen kann sie reden. Denen geht es auch nicht viel besser.

In der Eisdiele lernt sie Max kennen. Wie nett er sie anschaut. „Ich mag dich", sagt er ihr bald, „du siehst toll aus". Nina fühlt sich besser. Diesmal wird sie nicht gleich mit ihm ins Bett gehen. Aber als er sie zwei Wochen später auf der Party küßt, beim Tanzen seine Hände über ihren Körper gleiten läßt und ihr sagt, daß er sie echt gern hat, da nimmt sie ihn mit nach Hause. Die Eltern sind nicht da. Er sagt ihr auch in der Früh noch mal, daß er mit ihr zusammenbleiben möchte.

Nina nimmt drei Kilo zu und ist oft schlecht drauf. Eine Freundin sagt ihr, das komme von der Pille. Sie hat schon lange einen Widerwillen dagegen und schmeißt die angebrochene Schachtel in den Müll. Es gibt ja auch Kondome. Immer häufiger streitet sie sich mit Max über läppische Kleinigkeiten. Als sie neulich mal beide ziemlich betrunken waren, haben sie das Kondom vergessen. Nina wird mit sechzehn schwanger. Die Eltern sind in heller Aufregung. Sie kann doch unmöglich jetzt ein Kind bekommen, als Schülerin! Sie will und soll doch Abitur machen.

Die Mutter geht mit Nina zu einer Beratungsstelle. „Nina", sagt ihr die freundliche Beraterin, „du mußt selbst entscheiden, was du willst. Es ist dein Leben. Eine Abtreibung ist keine große Sache. Du kannst danach gleich wieder nach Hause gehen. Übermorgen haben wir einen Termin frei."

Nina läßt ihr Kind töten. Zwei Monate später trennt sich Max von ihr. Nina ist wieder allein. Sie hat Alpträume und wird überhaupt nicht mehr fröhlich. Morgens, wenn sie aufwacht, hat sie Angst. Irgendwie fühlt sie sich bedroht, aber von was denn? Sie ist gereizt und fragt sich, was das Leben eigentlich soll.[19]

Sie kann einfach nicht allein sein. Sie hat nach Max noch ein paar weitere Freunde, aber mit achtzehn hält sie gar nichts mehr von den Männern. „Männer sind alle scheiße", meint sie. Nina sieht einen Film über eine Liebesbeziehung zwischen zwei Frauen. Vielleicht wäre das was?

Der Richtige! Die Richtige!

Du segelst unter vollem Wind durch Schulzeit, Abitur, Studium. Du hast viele Freunde, aber keinen Freund, keine Freundin. Dein Leben ist randvoll mit Aktivitäten. Wenn du morgens aufstehst, freust du dich auf den Tag.

Als du noch auf der Schule warst, hattest du manchmal Zweifel, ob du nicht doch etwas versäumst. Alle hatten schon „Erfahrungen" bloß du nicht. Sie haben dich aufgezogen, aber heimlich bewundert. Wenn du deine Familie mit den Scheidungsfamilien deiner Freunde verglichen hast, dann hat dich das in deiner Entscheidung bestärkt. Schwierig war es trotzdem.

Du lerntest eine christliche Gruppe kennen. Die neuen Freunde nahmen dich zu einem Festival mit. Da hast du nur so gestaunt. Du hattest ja keine Ahnung, daß es das gibt: christliche Bands, einen Haufen junger Leute, die richtig gut drauf sind, in die

Kirche gehen und beichten. Ein Franziskaner-Mönch, der in der Bronx lebt, spielte einen supercoolen Rap. Ein Satz blieb hängen: „The media have a bad plan for you, the media have a bad plan for you …" Du hörst einen Vortrag: „Was der Papst über Sex sagt". Der Mund bleibt dir offen stehen, der hat ja eine ganze „Theologie des Leibes" entwickelt. So ist das also gedacht von Gott!

Von nun an können dich keine Zweifel mehr beschleichen. Du betest für den richtigen Mann, für die richtige Frau. Er, sie lebt ja schon irgendwo. Ihr müßt euch nur noch begegnen.

Und dann passiert es. Es ist wie ein Kurzschluß, der die Sicherung raushaut, die Sicherung, die bisher dafür gesorgt hat, daß keine/r durchkam bis in dein Herz. Plötzlich schließen sich eure Herzen kurz. Du spürst es, er spürt es, aber keiner spricht es aus. Du brauchst zwei Stunden weniger Schlaf und findest Essen ganz uninteressant. Du strahlst ja so, sagen dir die Leute. Die Telefonrechnung steigt auf das Doppelte, E-mails flitzen hin und her. Ihr habt euch unglaublich viel zu erzählen. Die Türschwelle ist eines Morgens mit roten Rosen ausgelegt, unter dem Scheibenwischer findest du ein Briefchen ... Er lädt dich in ein Restaurant ein mit Blick über die ganze Stadt. Zwischen dem Hauptgang und dem Dessert nimmt er deine Hand in seine Hände, sein Herz klopft so stark, daß du es hören kannst, er schaut dir in die Augen und sagt: „Ich liebe dich." Und du sagst: „Ich dich auch."

Er drängt nicht. Er ist höflich und zuvorkommend. Manchmal legt er den Arm um dich, hält dich in seinen Armen. Es ist, als würdet ihr Dressur reiten. Ihr achtet darauf, dem Pferd die Zügel nicht schießen zu lassen, weil es fraglich wäre, wo es zum Stehen kommt. Ihr lernt eure Familien kennen. Du paßt in seine, und er paßt in deine. Was für ein Glück, was für eine Bereicherung!

Wann wird er dich fragen? Warum wartet er immer noch? Er muß es tun, du darfst es nicht tun, obwohl du dir schon ganz sicher bist, eigentlich von Anfang an klar warst: Das ist der Mann, mit dem du durchs Leben gehen willst, das ist der Mann, mit dem du Kinder haben möchtest.

Eines Tages lädt er dich zu einem Ausflug ein. Er sagt dir nicht, wohin es geht. Nach einer Stunde Fahrt stellt er das Auto ab und geht mit dir einen Waldweg entlang. Er redet kaum etwas. Hält dich an der Hand. Ihr kommt zu einer kleinen Kirche, die etwas erhöht auf einen Felsen gebaut ist. Die Außenwand ist mit kleinen Bildtäfelchen bedeckt: „Maria hat geholfen", „Maria sei Dank", „Unserer lieben Frau zum Dank". „Hier", sagt er, „ist meine Großmutter öfter mit mir gewesen, als ich klein war."

Er setzt sich mit dir in die Kirchenbank, sonst ist niemand da. Er nimmt deine Hand, schaut dir ein paar lange Sekunden schweigend in die Augen und fragt: „Willst du meine Frau werden?" Du schaust ihm in die Augen, dein Blick, dein Lächeln sind schon die Antwort. Du nickst und sagst: „Ja, ich will."

Ihr verlobt euch, schickt eine Verlobungsanzeige an Verwandte und Freunde.

So viel gibt es von der Welt des anderen kennenzulernen, so viel zu bereden, so viel zu planen. Dabei entsteht nach und nach eine Vision eures gemeinsamen Lebens. Staunend hörst du von deinem Verlobten, daß er noch nie mit einer Frau geschlafen hat. Du hast nicht geglaubt, daß es überhaupt noch Männer gibt, die so eine Entscheidung treffen, erst recht nicht einer, der so

gut aussieht. Als du ihm sagst, daß du Jungfrau bist, antwortet er: „Das habe ich dir angesehen."
„Also warten wir?" „Ja, wir warten."
Das Verlobungsjahr wird eine wunderbare Zeit. Er ist drei Monate in Amerika, das sind 92 lange Tage. Aber jeden Morgen, wenn du die Augen aufschlägst, überfällt dich ein Glücksgefühl, Zukunft quirlt in deinen Adern, es kommt dir vor, als hättest du Luftkissen unter den Füßen.
Die neuen Freunde aus der christlichen Gruppe erzählen euch von einer „Schule der Liebe", die ein weitsichtiger Bischof gegründet hat. Dort haben sie ein Ehevorbereitungsseminar besucht. Alles muß man lernen, sagen sie. Eine Woche Vorbereitung auf das Lebensprojekt Familie – das ist doch nicht zu viel.
Ihr meldet euch an.
Ihr werdet angeleitet, zurückzuschauen in die Herkunftsfamilie, ins eigene Herz und in die gemeinsame Zukunft.
Welche Stellung hattest du in deiner eigenen Familie? Was waren die Defizite? Welche Bedürftigkeit bringst du mit in die Ehe? Was ist das Wesen von Mann und Frau? Was bedeuten Reinheit und Keuschheit vor der Ehe, was bedeuten sie in der Ehe? Wie bewahrt und erneuert ihr die Liebe zwischen euch? Wie funktioniert natürliche Empfängnisregelung? Wie wirst du ein guter Vater, eine gute Mutter? Wie kann Gott in eurer Familie wirken und erfahrbar werden?
Diese Woche ist der Anfang. Ihr erkennt: Wir brauchen Unterstützung auf diesem Weg, Gemeinschaft mit anderen Paaren und Familien, die diesen Weg gehen wollen. Hier könnt ihr sie bekommen.
Schließlich ist er da, der Tag der Hochzeit. Ihr steht am Altar,

die Kirche ist voll mit festlich gekleideten Hochzeitsgästen, und ihr sagt einander vor Gott und den Menschen:
„Ich verspreche dir die Treue in guten und in bösen Tagen, in Gesundheit und Krankheit, bis daß der Tod uns scheidet. Ich will dich lieben, achten und ehren alle Tage meines Lebens. Trag diesen Ring als Zeichen unserer Liebe und Treue. Im Namen des Vaters und des Sohnes und des Heiligen Geistes."

So kann es sein. In diesem Jahr war ich bei drei Hochzeiten eingeladen, wo es so war – manchmal nach Umwegen.

Ein ungeschütztes Ja

Jeannette ist ein goldiges Mädchen mit dem Herz auf dem rechten Fleck. Sie lacht viel, aber ihr Blick ist sehr ernst. Jeannette liebt ihren Papa und ihre Halbschwester aus dessen zweiter Ehe. Ihr kommt es vor, als wäre ihre Stiefmutter eifersüchtig auf sie. Jeannette verliebt sich mit siebzehn zum ersten Mal bis über beide Ohren in Markus und Markus in sie. Markus wohnt in einer WG, er ist Student und jobbt nebenbei. Sie lieben sich heiß. Klar schlafen sie zusammen. Jeanette mag die Eltern von Markus gern und auch seine Geschwister. Sie erlebt zum ersten Mal eine intakte Familie, in der sie sich angenommen fühlt. Besonders zur Mutter von Markus fühlt sie sich hingezogen. In den Winterferien fährt Jeanette mit der ganzen Familie zum Skifahren.
Die WG von Markus löst sich auf. Markus und Jeanette suchen sich eine Wohnung, richten sie ein und ziehen zusammen. Komisch, seit sie zusammen wohnen, streiten sie viel öfter. Jeanette sitzt oft allein in der Wohnung, weil Markus so viel

zu tun hat. Sie wird immer unzufriedener. Sie liebt Markus ganz tief, sie würde mit ihm durch dick und dünn gehen, durchs ganze Leben. Allmählich merkt sie, daß sie ihn heiraten möchte, vielmehr, daß sie möchte, daß er sie heiratet. Eines Abends, als sie in seinen Armen liegt, fragt sie: „Wie denkst du eigentlich übers Heiraten?"

Markus bekommt einen Heidenschreck. „Na ja, schon, aber doch jetzt noch nicht, ich muß doch noch und ich will doch noch und ich bin doch erst 23 ... komm, mein Schatz, laß uns jetzt schlafen."

Es geht noch ein halbes Jahr, dann sagt Jeanette, sie kann nicht mehr, sie hält das nicht mehr aus. Er soll ausziehen. Markus zieht aus. Drei Wochen lang ist er traurig. Dann merkt er, wie gut es ist, frei zu sein, endlich seine Diplomarbeit zu schreiben, eine Trecking-Tour mit einem Freund in Nepal zu planen ...

Jeanette aber hat das Gefühl, daß ihr das Herz zerreißt. Sie liebt ihn doch so sehr, sie hätte doch alles für ihn getan. Wenn sie viel zu früh allein in der Wohnung aufwacht, schüttelt es sie vor Schluchzen. Sie versucht, mit seiner Familie in Kontakt zu bleiben, Trost zu finden bei der Mutter von Markus. Aber irgendwie geht das auch nicht.

Jeanette braucht ein Jahr, bis sie nicht mehr ständig diesen brutalen Schmerz fühlt. Sie fängt wieder an, zu reiten und mit Freunden auszugehen. Sie bewirbt sich bei einer Touristikfirma und bekommt den Job. Sie kann tolle Reisen machen und lernt die Welt kennen. Nach fünf Jahren ist sie immer noch allein. Noch einmal ihr Herz verschenken? Ob sie das ein zweites Mal riskieren will?

Hochzeitsbett ...

Ihr habt das große JA vor Gott und den Menschen gesprochen. In der Verlobungszeit seid ihr gute Freunde geworden. Nun seid ihr Mann und Frau. Jetzt kannst du den Satz sprechen, den du dir so oft vorgestellt hast: „Ich habe auf dich gewartet." Angeleitet von der Liebe, finden die Körper ineinander. Ihr seid offen für das Große, das euch bei weitem übersteigt: Ein Kind könnte entstehen. Liebe, Ehrfurcht, Leidenschaft – alles ist eins. Das also meint die Bibel mit dem Wort „erkennen". Ihr erkennt euch als Mann und Frau. Der Blick des einen fällt in den Brunnen der Seele des anderen. Ihr atmet gemeinsam. Ihr werdet „ein Fleisch".

... oder Rammelkammer?

So kann es sein oder so, wie du das tagein, tagaus in der Unkultur dieser Zeit vor Augen geführt bekommst, ob du willst oder nicht. Es ist überflüssig, das zu beschreiben, nur eines ist nötig: das visuelle Gift nicht ins Herz zu lassen. Der Borkenkäfer legt eine sogenannte *Rammelkammer* an, in die er das Weibchen lockt, um es dort zu begatten. Immerhin legt er keinen Wert darauf, sich dabei filmen zu lassen. Warum haben wir die menschliche Sexualität in Rammelkammern verlegt, ausgestattet mit Mikros und Kameras? Warum genießen es so viele Menschen, dabei zuzuschauen und es dem Borkenkäfer gleich zutun?

Alle Welt klatscht, wenn bei einer Inszenierung der *Entführung aus dem Serail* der Ort der Handlung in den Puff verlegt wird und die himmlische Musik Mozarts zur Begleitmusik der

pornographischen Phantasien des Regisseurs mißbraucht wird. Das ist in, das ist schick. *Das ist kulturzerstörend.*
Und du? Wie willst du dich entscheiden? Rammelkammer oder Hochzeitsbett? Wenn du glaubst, daß es eine Zwischenlösung gibt, dann lies noch einmal, wie es Jeanette ergangen ist, und frage dich, was in deiner Beziehung so anders ist, daß du hoffen kannst, ohne tiefe Verletzungen davonzukommen, oder ohne einen anderen tief zu verletzen.

Leben schenken ...

Ein paar Monate vergehen. Du fühlst dich irgendwie anders. Das Essen schmeckt dir nicht so wie sonst. Die Brust ... Plötzlich fällt es dir wie Schuppen von den Augen. „Du, du ... ich muß dir etwas sagen. Ich glaube, ich bin schwanger." Der Test bestätigt, was du schon weißt: Du bist tatsächlich schwanger. Ein Mensch hat seine lange Lebensreise in dir begonnen.
Alles geht weiter wie bisher. Vielleicht ist es dir eine Zeitlang schlecht. Du brauchst mehr Ruhe. Öfter sitzt du einfach nur da, legst deine Hände auf den Bauch und schaust vor dich hin. Du schaust eigentlich gar nicht, du spürst und fühlst und denkst: Ein Kind, mein Kind. Ein neuer Mensch auf dieser Erde, und ich bin seine Mutter. Dein Mann stellt sich hinter dich, legt seine Hände auf deine und sagt: „Unser Kind."
Du gehst zum Frauenarzt zur Vorsorgeuntersuchung. Er drängt dich, eine Fruchtwasseruntersuchung durchführen zu lassen. „Sie wollen doch sicher kein behindertes Kind, oder?" „Ich will mein Kind nicht durch eine Fruchtwasseruntersuchung gefährden, und ich will mein Kind auch nicht töten, verstehen Sie, selbst wenn es behindert wäre." Du erkundigst dich bei „Ärzte

für das Leben"[20] nach einem Arzt, der das Leben von Anfang bis Ende schützt.
Im sechsten Monat spürst du zum ersten Mal, wie sich zwei kleine harte Fersen in deine Bauchdecke drücken. Du bekommst wieder diesen Blick nach innen, den dein Mann schon so gut an dir kennt, und sinnst: Mein Kind! Meins und doch nicht meins. Ein Teil von mir und doch ganz sein eigen. Du wirst auf die Welt kommen, wachsen und deine Bahn durchs Leben ziehen. Zu mir bist du gekommen. Ich darf deine Mutter sein. Welche Freude! Welche Verantwortung! Und doch ist alles so normal und selbstverständlich. Ich werde für dich sorgen, ich werde für dich da sein, solange ich lebe. Ein Kinderlied fällt dir ein, und du summst es vor dich hin. Wer du wohl bist? Was wird deine Aufgabe sein im Leben?
Die neun Monate sind für euch beide ein allmähliches Hinwachsen zum Kind, zur Elternschaft. Bisher hast *du* geplant, gemacht, entschieden, hast dich angestrengt, um ein Ziel zu erreichen. Du hast nach der Pfeife deines eigenen Willens getanzt. Nun, nach dem Augenblick der Verschmelzung von Ei und Samenzelle, geschieht etwas in dir, dem du dich nur überlassen kannst. Wie nötig brauchst du den Schutz deines Mannes. Du weißt: Dein Kind hat bereits jetzt ein emotionales Gedächtnis, das durch die Geburt nicht ausgelöscht wird. Gute und schlechte Erfahrungen drücken sich ein in das seelische Fundament deines Kindes. Du hast tiefes Vertrauen zu dem Lebensprozeß, der sich in deinem Leib vollzieht und hinstrebt auf den Augenblick der Geburt.
Für dich, den Mann, ist es anders. Daß du Vater bist und Vater wirst, erfährst du nicht durch deinen Körper. Du kannst es nur erkennen mit Kopf und Herz. Je inniger du mit deiner Frau

verbunden bist, um so mehr ergreift dich das große Geschehen. Du wirst nicht mehr die Hauptperson sein. Schon jetzt mußt du verzichten. Je mehr das Kind wächst, um so weniger Interesse hat deine Frau an der sexuellen Vereinigung. Zärtlichkeit ist es, was sie vor allem von dir braucht. Vater, du wirst Vater! Deine Gedanken tasten sich ein paar Jahre voraus. Da siehst du dich mit deinem Sohn an einem Bach stehen, du hast eine große Angel und er eine kleine. Ein Baumhaus wirst du mit ihm bauen und von klein auf mit ihm in die Berge gehen.

Wehen setzen ein. Deine Stunde ist gekommen. Nachts um zehn Uhr fahrt ihr in die Klinik. Du, Frau, hast gelernt, wie du atmen mußt, und du, Mann, hast gelernt, wie du sie unterstützen kannst. Das ist kein Zuckerschlecken, eine Geburt. Du, als Mutter, kannst nichts tun, kannst nur mitgehen, nachgeben, ge-schehen lassen, aushalten. Es kommt dir vor, als würden dich Meereswogen überrollen. Ein paar Augenblicke Ruhe und schon kommt die nächste Woge. Der Schweiß steht dir auf der Stirn, du stöhnst, du keuchst. „Jetzt, jetzt pressen!" hörst du die Stimme der Hebamme, „da ist schon der Kopf", noch mal und noch einmal ... und da hörst du dein Kind schreien. Es wird dir ans Herz gelegt, ganz zart legst du deine Hände auf das winzige Körperchen. „Ein Junge, ein gesunder Junge", sagt dein Mann lächelnd ganz nah an deinem Gesicht und streicht dir über die schweißnassen Haare. Allmählich hört die Nabelschnur auf zu pulsieren. Der Arzt reicht deinem Mann die Schere, und er durchtrennt die Nabelschnur, er schneidet das Kind von dir ab. Eine Familie ist geboren.

... oder Leben nehmen?

Natalie studiert BWL. Sie lebt mit Frank zusammen, der kurz vor seinem Abschlußexamen steht. Das Geld ist äußerst knapp. Sie wollen ihr Studium zu Ende bringen, ins Berufsleben einsteigen. Warum heiraten, ist doch nur ein bürokratischer Akt! Was hat der Staat mit unserer Liebe zu tun? Natalie setzt die Pille ab, sie hat gelesen, daß besonders bei Rauchern das Krebsrisiko durch die Pille beträchtlich ansteigt, auch die Thrombosegefahr. Schon lange hat sie einen Widerwillen, ständig Hormone einzuwerfen. Sie probieren dies und das. Eines Tages bleibt die Regel aus. Natalie ist schwanger. Das wirft ihren ganzen Lebensplan aus der Bahn. Nein, nein, sie will doch jetzt nicht Mutter werden. Frank kann sich ein Kind über-haupt nicht vorstellen. Natalie schläft die nächsten zwei Wochen sehr schlecht. Ihre Mutter sagt: „Das mußt du selbst entscheiden. Ich kann das Kind jedenfalls nicht großziehen."

Frank und Natalie gehen zu einer Beratung bei Donum Vitae[21]. Dort wird ihr gesagt, sie könne das Kind ja auch zur Adoption freigeben. Aber das will sie nicht. Abtreibung wäre keine gute Entscheidung, hinterher tue es den meisten Frauen sehr leid, aber sie müsse selbst entscheiden. Sie bekommt den Schein, den sie für die Abtreibung braucht, und auch eine Adresse, wo sie hingehen kann. Die Krankenkasse übernimmt die Kosten. Frank begleitet Natalie in die Klinik und wartet zwei Stunden im Warteraum.

Natalie wird ein Scheidenzäpfchen eingeführt, um den Gebärmuttermund aufzuweichen. Sie bekommt eine Teilnarkose. Mittels immer größerer Metallstifte wird der verschlossene Eingang der Gebärmutter gewaltsam geöffnet. Der Arzt führt dann eine sogenannte Absaugkürette durch den Gebärmutterhals ein. Sie ist an eine Absaugmaschine angeschlossen, deren Saugkraft etwa dreißigmal stärker ist als die eines Staubsaugers. Das Kind wird ohne Betäubung zerrissen. Manchmal muß der Kopf zertrümmert werden, bevor das Gemisch aus Fleisch, Blut und Knochen abgesaugt werden kann. Um sicherzugehen, daß nichts zurückgeblieben ist, fügt der Arzt hinterher die Körperteile des zerrissenen Kindes zusammen. Es folgt noch eine Ausschabung des restlichen „Schwangerschaftsgewebes". Nach zwei Stunden nimmt Frank Natalie in Empfang. Sie ist sehr blaß, sieht sehr traurig aus. Frank legt den Arm um sie. „Komm, jetzt legst du dich hin. In ein paar Tagen ist die Sache vorbei."

Aber sie ist nicht vorbei. Natalie wird depressiv. Noch ein paar Monate und sie hätte ein Kind im Arm gehabt. Der Gedanke läßt sie nicht mehr los. Sie stürzt sich in ihr Studium, macht drei Scheine auf einmal, sie fängt wieder an zu joggen. Aber nachts wacht sie immer wieder schweißgebadet aus einem Alptraum auf. Sie wird aggressiv gegen Frank, obwohl der eigentlich so nett ist wie zuvor.

Ihre Beziehung wird immer schlechter. Nach einem dreiviertel Jahr trennen sie sich. Wenn Natalie eine Frau mit einem dicken Bauch oder mit einem kleinen Kind sieht, geht sie ihr aus dem Weg. Sie spricht mit einer älteren Freundin darüber, von der sie weiß, daß sie vor Jahren auch abgetrieben hat. Die Freundin sagt: „Mir ist es genauso gegangen. Ich habe mich ständig schuldig gefühlt. Habe jede Lust an der Sexualität verloren. Aber weißt du: Ich habe meinen Glauben wiederentdeckt. Ich bin nach Jahren zur Beichte gegangen. Jetzt bereue ich es immer noch, aber ich weiß, daß Gott mir vergeben hat. Ich habe mir auch vergeben, ich wußte nicht mehr ein und aus damals. Alle haben mich zur Abtreibung gedrängt. Ich kann nichts ungeschehen machen, aber ich wurde trotzdem wieder fröhlich. Zwei Jahre später habe ich meinen Mann kennengelernt. Jetzt haben wir vier Kinder. Wir sind so glücklich und dankbar für unsere Kinder."

Hurra – ein Kind!

Ein Kind, ein Kind, ein Kind. Ein Bündel Leben, ein Bündel Zukunft, ein Bündel Hoffnung. In den ersten Tagen irrlichtern die verschiedensten Gefühlsausdrücke über das Gesicht des Neugeborenen. Manchmal scheint es zu lächeln – die Franzosen sprechen vom „Souris des Anges", dem Lächeln der Engel – und im nächsten Augenblick legt sich das faltige Gesichtchen in noch größere Falten, und es schreit, bis es ihm gelingt, die Brustwarze mit den Lippen festzuhalten, kurz und heftig zu trinken und ermattet einzuschlafen. Auch im Schlaf zuckt es noch hin und wieder über das Gesicht – die Geburt war schließlich keine Kleinigkeit – aber dann sinkt es in deiner Armbeuge in tiefen Frieden, und du schaust und schaust und schaust. Das Köpfchen ist mit zartem dunklen Flaum bedeckt, immer wieder schnupperst du an ihm und saugst den warmen Duft ein ...

Nach vier oder fünf oder sechs Wochen strahlt dir das erste Lächeln entgegen. Es gibt nichts Entzückenderes als das erste Lächeln eines Babys. Vollkommene Reinheit, vollkommene Liebe, vollkommenes Vertrauen – zu dir. Das Kind erwartet nur Gutes von dir und der Welt. Es trinkt, wenn es Hunger hat, es schläft, wenn es müde ist, es weint, wenn ihm etwas fehlt, und es lächelt, wenn dein Gesicht auftaucht. Dein Kind liebt dich, so wie du bist. Du kannst mit deinem Kind ganz neu anfangen, als Mutter und als Vater. Nur Gott liebt dich so bedingungslos wie dein kleines Kind. Eine neue Seite wird aufgeschlagen im Buch des Lebens. Das Abenteuer Familie beginnt.

Eine richtige Hochzeit

Eine schön gedruckte Karte kommt ins Haus:
„WIR HEIRATEN." Es ist eine komplette Überraschung. Der Bräutigam gehörte einer christlichen Gemeinschaft an, sie schien als Assistentin eines Parlamentsabgeordneten ganz in ihrem Beruf aufzugehen. Was werden sie wohl gemeinsam auf die Beine stellen?
Niklas und Johanna waren ein gutes Jahr lang verlobt. Nun endlich ist Hochzeit an einem sonnigen Tag Ende Mai.
Festlich gekleidete Menschen strömen zur Kirche. Gibt es ein schöneres Ambiente für eine Hochzeit als eine Barockkirche mit einem goldenen Hochaltar, darauf die Muttergottes mit ausgebreiteten Armen in einer Eskorte von Engeln gen Himmel schwebt? Durch die hohen Fenster fällt das Sonnenlicht in Streifen auf den Marmorboden, und auf der reich verzierten Empore stehen Streicher und Sänger und ein Trompeter neben der Orgel, um Jubel zu verbreiten, denn – so steht es vorne auf dem liturgischen Heft – hier finden sich
zwei Gläubige mit einer Hoffnung, mit einem Verlangen, mit einer Lebensform, mit einem Dienste! Kinder eines Vaters, Diener eines Herrn; keine Trennung im Geist, keine im Fleisch, sondern wahrhaft zwei in einem Fleisch. (*Tertullian, 2. Jh.*)

Das erwartungsvolle Getuschel verebbt. Alle Blicke gehen zum Portal. Dort erscheint die Braut – ganz unüblich – am Arm ihrer

Mutter. Die Verwandten und Freunde wissen, daß der Vater die Familie vor Jahren verlassen und die Mutter die Kinder alleine großgezogen hat. Johanna sagt später, daß sie ihrer Mutter da-für schon immer danken wollte. Sie führt die Tochter zum Bräutigam, der am Altar auf sie wartet. Die Braut trägt ein schlichtes weißes Seidenkleid, über die Schultern fällt ein Spitzenschleier. Noch ist ihr Strahlen verhalten. Alle schauen sie an, sie blickt gespannt nach vorne.

Die Orgel stimmt das Eingangslied an:

Herr, wir rühmen dich, wir bekennen dich; denn du hast uns bestellt zu Zeugen in der Welt.

Obwohl sich das Brautpaar mit einer Beichte auf den heutigen Tag vorbereitet hat, lassen sie das öffentliche Schuldbekenntnis am Anfang der Messe nicht aus. Sie werden es noch oft brauchen, um aus menschlichen Niederungen wieder zur Liebe zu finden.

Die Schwester der Braut tritt an den Ambo und liest aus dem Buch Tobit:

Als Tobias und Sara in der Kammer allein waren, erhob sich Tobias vom Lager und sagte: Steh auf, Schwester, wir wollen beten, damit der Herr Erbarmen mit uns hat. Und er begann zu beten: Sei gepriesen, Gott unserer Väter; gepriesen sei dein heiliger und ruhmreicher Name in alle Ewigkeit. Die Himmel und alle deine Geschöpfe müssen dich preisen. Du hast Adam erschaffen und hast ihm Eva zur Frau gegeben, damit sie ihm hilft und ihn ergänzt. Von ihnen stammen alle Menschen ab. Du sagtest: Es ist nicht gut, daß der Mensch allein ist; wir wollen für ihn einen Menschen machen, der ihm hilft und zu ihm paßt. Darum, Herr, nehme ich diese meine Schwester auch nicht aus reiner Lust zur Frau, sondern aus wahrer Liebe. Hab Erbarmen mit mir, und laß mich gemeinsam mit ihr ein hohes Alter erreichen! Und Sara sagte zusammen mit ihm: Amen.

Tobias ist ein mutiger Mann. Er hat es gewagt, eine tief verwundete Frau zu heiraten. Sein Begleiter, ein Engel, spricht ihm Mut zu:

Hab also keine Angst; das Mädchen ist schon immer für dich bestimmt gewesen. Du wirst sie aus ihrer Not befreien; sie wird mit dir ziehen und wird dir gewiß Kinder schenken. Als Tobias das hörte, faßte er Zuneigung zu dem Mädchen, und sein Herz gehörte ihr. (Tob 6,18-19)

Als zweite Lesung wählte das Brautpaar das Hohe Lied des Paulus auf die Liebe.

Wenn ich in den Sprachen der Menschen und Engel redete, hätte aber die Liebe nicht, wäre ich dröhnendes Erz oder eine lärmende Pauke. Und wenn ich prophetisch reden könnte und alle Geheimnisse wüßte und alle Erkenntnis hätte; wenn ich alle Glaubenskraft besäße und Berge damit versetzen könnte, hätte aber die Liebe nicht, wäre ich nichts. Und wenn ich meine ganze Habe verschenkte, und wenn ich meinen Leib dem Feuer übergäbe, hätte aber die Liebe nicht, nützte es mir nichts.
Die Liebe ist langmütig, die Liebe ist gütig. Sie ereifert sich nicht, sie prahlt nicht, sie bläht sich nicht auf. Sie handelt nicht ungehörig, sucht nicht ihren Vorteil, läßt sich nicht zum Zorn reizen, trägt das Böse nicht nach. Sie freut sich nicht über das Unrecht, sondern freut sich an der Wahrheit. Sie erträgt alles, glaubt alles, hofft alles, hält allem stand. Die Liebe hört niemals auf. (1Kor 13,1-8)

Nur eines zählt, die Liebe, und selbst die höchsten spirituellen Gaben nützen nichts, hätte ich aber die Liebe nicht. Lieben, auch dann noch, wenn ich nicht die Antwort bekomme, die ich ersehne; Gutes für den anderen wollen, selbst wenn ich enttäuscht werde; auf das Rechthaben verzichten; dem anderen in Demut vor Gott begegnen; die sittlichen Gebote achten, die geschriebenen und ungeschriebenen; das Wohl des anderen an erste Stelle stellen; auch das Ungeheilte und Unheilige ertragen; hoffen wider alle Hoffnung; standhalten bei Durststrecken, Krisen, Krankheit, Schicksalsschlägen, Irrwegen, denn: Die Liebe hört niemals auf.
Es ist ein hohes Ziel, das die beiden sich gesetzt haben, das höchste, das es gibt, und das einzige, das eine Ehe tragen kann. *Lieben lernen*. Sie vertrauen darauf, daß Jesus ihnen schenkt, was er fordert.
Die Trompete schmettert ein Rondo von Purcell. Wir erheben uns zum Evangelium. Es sind die Worte Jesu, die er unmittelbar vor seinem Leiden den Jüngern zugesprochen hat, der Kern seiner frohen Botschaft, die er mit seinem Blut besiegelt:

Wie mich der Vater geliebt hat, so habe auch ich euch geliebt. Bleibt in meiner Liebe! Wenn ihr meine Gebote haltet, werdet ihr in meiner Liebe bleiben, so wie ich die Gebote meines Vaters gehalten habe und in seiner Liebe bleibe. Dies habe ich euch gesagt, damit meine Freude in euch ist und damit eure Freude vollkommen wird. Das ist mein Gebot: Liebt einander, so wie ich euch geliebt habe. (Joh 15,9-12)

Jesus liebt uns grenzenlos, bedingungslos. Er sagt nicht: Ich liebe euch nur dann, wenn ihr meine Gebote erfüllt. Er sagt: „Wie mich der Vater geliebt hat, so habe ich euch geliebt."

Er könnte zu dem Brautpaar sagen: Ihr habt die Freiheit, aus meiner Liebe herauszutreten. Ich liebe euch dennoch, gehe euch nach und suche euch. Aber wenn ihr in meiner Liebe bleiben wollt, dann haltet meine Gebote. Sie sind ja nichts anderes, als Anleitungen zur Liebe. Glaubt mir, mein Joch drückt nicht und meine Last ist leicht. Freuen sollt ihr euch. Ich will, daß eure Freude vollkommen wird.
Der Augenblick der Vermählung vor Gott ist gekommen. Die Brautleute spenden einander das Ehesakrament. Ein Sakrament drückt der irdischen Wirklichkeit das Siegel der Ewigkeit auf, es schafft eine Verbindung zwischen Erde und Himmel, durch die Gnade fließen kann.

Der Priester fragt nacheinander den Bräutigam und die Braut:

Priester: Niklas (Johanna), ich frage dich: Bist du hierher gekommen, um nach reiflicherer Überlegung und aus freiem Entschluß mit Johanna (Niklas) den Bund der Ehe zu schließen?
Bräutigam, Braut: Ja.
Priester: Willst du deine Frau (deinen Mann) lieben und achten und ihr (ihm) die Treue halten alle Tage deines Lebens?
Bräutigam, Braut: Ja.
Priester: Seid ihr bereit, die Kinder anzunehmen, die Gott euch schenken will und sie im Geist Christi und seiner Kirche zu erziehen?
Das Brautpaar: Ja.
Priester: Seid ihr beide bereit, als christliche Eheleute Mitverantwortung in der Kirche und in der Welt zu übernehmen?
Das Brautpaar: Ja.

Priester: Treuer Gott, du hast mit uns einen unauflöslichen Bund geschlossen. Wir danken dir, daß du uns beistehst. Segne diese Ringe und verbinde die beiden, die sie tragen, in Liebe und Treue. Darum bitten wir durch Christus, unseren Herrn.
Gemeinde: Amen.
Bräutigam, Braut: Vor Gottes Angesicht nehme ich dich als meine Frau/meinen Mann. Ich verspreche dir die Treue in guten und in bösen Tagen, in Gesundheit und Krankheit, bis daß der Tod uns scheidet. Ich will dich lieben, achten und ehren alle Tage meines Lebens. Trag diesen Ring als Zeichen unserer Liebe und Treue: Im Namen des Vaters und des Sohnes und des Heiligen Geistes.

Das Brautpaar reicht einander die Hände, der Priester schlingt seine Stola darum, legt seine Hand darauf und spricht:

Priester: Der Herr, unser Gott, festige den Ehebund, den ihr vor ihm geschlossen habt. Gott, der euch zum Ehestand berufen hat, ist getreu. Er wird zu euch stehen und das Gute, das er begonnen hat, auch vollenden. Im Namen Gottes und seiner Kirche bestätige ich den Ehebund, den ihr heute geschlossen habt.
Euch alle aber, die ihr zugegen seid, nehme ich zu Zeugen dieses heiligen Bundes. Was Gott verbunden hat, das darf der Mensch nicht trennen.

Als die Orgel einsetzt und eine glanzvolle Männerstimme *Lauda Sion Salvatorem* singt, schießen mir die Tränen in die Augen. Ich bin nicht die einzige. Wir alle sind Zeugen, daß sich hier zwei junge Menschen vor Gottes Angesicht für das ganze Leben verbunden haben. Sie meinen es ernst. Sie wollen den Höhenweg der Liebe miteinander gehen, durch welche

Tiefen das Leben auch führen mag. Ein solches „Ja, bis daß der Tod euch scheidet" ist das Fundament, auf dem das Haus der Familie errichtet werden kann.
Es werden Probleme kommen, ungeheilte Verletzungen, Versuchungen, Trockenheit, ungleichzeitige Entwicklung, schwere Lebenssituationen – was auch immer. Dieses Ja versperrt den Fluchtweg vor dem inneren Wachstum. Der Weg ist nur nach vorne offen, hin zu Gott.

Nun feiern sie zum ersten Mal Eucharistie als Mann und Frau, mit dem Ring am Finger. Dies ist die Quelle der Kraft, der Leib Christi, das Brot des Lebens. Immer wieder können sie zu dieser Quelle zurückkehren und Jesus um Gnade bitten, daß die Berufung zur Liebe sich erfülle. Gott ist der Dritte im Bunde, der Mittelpunkt, das Alpha und Omega. Sie sind nicht angewiesen darauf, daß der Partner alle Bedürfnisse nach Liebe erfüllt. Die Quelle der Liebe ist Gott. Sie fließt durch die Sakramente zu jedem, der sie empfangen will.

Im letzten Lied bittet die Festgemeinde Maria um ihren Segen.

Segne du, Maria, segne mich, dein Kind,
daß ich hier den Frieden, dort den Himmel find.
Segne all mein Denken, segne all mein Tun,
laß in seinem Segen Tag und Nacht mich ruhn!

Segne du, Maria, dieses junge Paar,
segne ihr Versprechen, hier vor dem Altar.
Leite sie durchs Leben, bitt beim Herrn um Gnad,
daß er selbst sie führe auf dem Lebenspfad.

Am Arm der Mutter ist die Braut hereingekommen, am Arm ihres Mannes verläßt sie die Kirche. Das glückliche, gelöste Strahlen des neu vermählten Paares spiegelt sich auf den Gesichtern der Festgemeinde. Die Orgel zieht alle Register und die Trompete schmettert, als sollte das Ereignis im ganzen Land verkündet werden – der Abschied und der Neubeginn.

Kindersegen

Die Liebe zwischen Mann und Frau ist fruchtbar. Aus ihrer Einheit entsteht ein neuer Mensch. Wir verhüten und töten die Frucht der Liebe zwischen Mann und Frau und verhüten und „töten" damit die Zukunft. Ich will dir deswegen erzählen, was es heißt, Kinder zu haben. Ich habe zwei Söhne und eine Tochter. Sie sind im Jahr 2004 25, 23 und 20 Jahre alt.

Weißt du, was das ist, ein Kind? Es scheint, als wüßten das heute viele nicht mehr. Kinder haben eine schlechte Presse. Sie werden vor allem als Last und Armutsrisiko behandelt. Eine Langzeitstudie des Bonner Medienforschungsinstituts stellt fest, daß sich die Berichterstattung der großen deutschen Medien auf die Darstellung straffälliger Jugendlicher konzentriert.[22] Bei Licht betrachtet, ist dies eine Anklage gegen eine Gesellschaft, in der immer mehr Kinder das Lebensnotwendige nicht bekommen: die Geborgenheit in einer liebevollen Familie.

Darum will ich dir sagen, was ein Kind ist. Ein Kind ist Leben, ein Kind ist Zukunft, ein Kind ist Geheimnis. Ein Kind ist, wenn es Kind sein darf, liebesfähig, vertrauensvoll, rein, sorglos, echt, unverstellt, kreativ, entdeckungsfreudig, lernbegierig, humorvoll, witzig, versöhnungsbereit, nicht nachtragend. Es erwartet nur Gutes von dir und ist erschüttert, wenn es Schlechtes bekommt, wenn das Liebesband zerrissen wird. Mit einem Wort: Ein Kind ist ein Segen.

Denk mal, du hättest einen Freund, von dem du das alles sagen könntest. Stell dir vor, du wärest selbst so ... nicht auszudenken, wie schön das Leben sein könnte. Aber das Leben ist nicht so schön, und darum sind wir anders geworden. Viele, viele Menschen haben ihre Liebesfähigkeit verloren, ihr Vertrauen, ihre Reinheit, ihre Sorglosigkeit, ihre Zuversicht. Sie haben sich Masken aufgesetzt, haben vergessen, daß sie schöpferisch sind, erfüllen freudlos Routineanforderungen, erleben die Welt als Bedrohung, haben darüber den Humor verloren und grollen allen, die dazu beigetragen haben, daß sie so sind.

In Finsternisse dieser Art strahlt immer wieder neu das Lächeln des Kindes. Es sucht deinen Blick, es kann dir in die Augen schauen, weil es dich mit Liebe ansieht. Dieser Blick kündet dir die Erneuerung des Lebens: Komm, sagt es, komm, beginne neu mit mir! Das Leben ist gut. Das Leben ist schön. Du breitest die Arme aus, und das Kind rennt strahlend auf dich zu. Es schaut nicht auf seine Füße, es schaut nur auf dich, weil es weiß, daß es aufgefangen wird.

Im Kind bricht sich frisches, reines Leben Bahn, entfaltet sich, enthüllt sich. Wir können nur fördern, hegen und pflegen. Das Wesentliche, das Leben, die einzigartige Person in unseren Händen, ist reines Geschenk. Welch höllisches Verbrechen ist es, den Menschen genetisch zu manipulieren oder gar zu klonen.

Wenn das Lächeln eines Säuglings noch nie dein Herz angerührt hat, dann schau in den nächsten Kinderwagen. Manche Babies überschütten sogar ein gänzlich fremdes Gesicht mit ihrer grenzenlos vertrauensvollen Freude. Sollten jedoch die

Lippen anfangen zu vibrieren, sich die Mundwinkel nach unten ziehen und dich im nächsten Augenblick Alarmgeschrei begrüßen – macht nichts. Du mußt dich ein wenig bekannt machen.

Lächeln und Lachen ist nicht die ganze Geschichte.
Kinder fordern alles von dir. Sie verlangen Verzicht. Sie sind die natürliche Aufforderung des Lebens, die engen Grenzen deines Egoismus zu überschreiten. Kinder sind Nummer eins, und du bist Nummer zwei. Je kleiner sie sind, um so diktatorischer ihre Bedürfnisse. Viermal nachts aufstehen, sechsmal täglich die Windeln wechseln, ohrenbetäubendes Geschrei, wenn ihre Bedürfnisse nicht unmittelbar erfüllt werden. Seismographische Daueraufmerksamkeit, um sie vor Gefahren zu bewahren. Kinder sind egoistisch, maßlos, trotzig, eifersüchtig, launisch, weinerlich, unvernünftig, aggressiv, rücksichtslos – kurzum erziehungsbedürftig. Und dennoch gilt ohne jede Einschränkung: KINDER SIND EIN SEGEN.
Kinder füllen das Haus mit Lachen, und Kinder rauben dir den Schlaf. Kinder schenken dir Zukunft, und Kinder machen dir Sorgen. Kinder sind ein Geschenk, und Kinder müssen versorgt werden. Kinder bereichern, und Kinder kosten Geld. Kinder brauchen Grenzen, und Kinder lösen deine engen Grenzen auf. Kinder brauchen dich, wenn sie heranwachsen, und du brauchst sie, wenn du alt bist.
Wenn wir uns als Eltern weigern, die Lektionen der Liebe zu lernen, bezahlen alle, Eltern und Kinder, mit größtem Unglück. Wie bitter ist die Klage von Kindern, die sich von ihren Eltern nicht geliebt und verstanden fühlen, und wie bitter ist die Klage von Eltern, deren Kinder ihnen kalt den Rücken kehren. Das

Liebesband zwischen Eltern und Kindern wird nie zerreißen, wenn es sich von der Freiheit dehnen und wandeln läßt, die das Kind beanspruchen muß, um ein eigenständiger Mensch zu werden.
Wir brauchen Kinder nicht erst, wenn wir tatterich sind, wir brauchen sie ein ganzes Leben lang, denn sie verankern uns in der Gegenwart, die uns ohne Kinder nach und nach entgleitet und uns der Schwerkraft der Vergangenheit anheimgibt. Kinder sind die natürlichen Feinde unseres Egoismus und die natürlichen Herausforderer unserer Liebesfähigkeit.
Damit kein Mißverständnis aufkommt: Einer der wichtigsten Liebesdienste, den Eltern ihrem Kind erweisen können, ist es, altersgemäße Grenzen zu setzen, in denen sich das Kind sicher fühlen kann. Die Rebellion gegen die wohlbedachten Grenzen auszuhalten und stehenzubleiben, ist ein Liebesdienst am Kind und eines der größeren Opfer, die uns als Eltern abverlangt werden.

Ich lese in meinem Tagebuch aus der Zeit, als die Kinder klein waren. Warum schreibt man die Geschichten auf? Weil der Geist besonders gern in kleinen Kindern weht. Ihre Gesten, Einfälle, Worte, Fragen sind nicht programmiert, wollen nichts bezwecken, sind echt in einer Welt, die von Lüge und Manipulation beherrscht ist. Alle Eltern können solche Geschichten erzählen.

Kindergeschichten

Ohne Worte

Elias, sechs Monate. Das Lächeln ergreift
sein ganzes Gesicht. Wir liegen uns gegenüber und schauen uns in die Augen. Welche
Reinheit! Er ist vollkommen wach und
präsent. Er kann solche Liebe ausstrahlen,
daß es einem mitten ins Herz geht.
Abends vor dem Schlafen, halt ich ihn vor
mich hin und sing ihm etwas vor.
Da legt er sein Händchen auf mein Gesicht
und seine Backe an meine und macht
Tönchen des Entzückens.

Lege Sophia, ein Jahr, nach dem Stillen
schlafend ins Bettchen, begierig, nun selbst
schlafen zu können. Aus dem Schlaf
heraus fängt sie an zu lachen,
schaut mich mit blitzenden Äuglein an
und lacht immer mehr, bis ich mitlache.
Dann gibt's kein Halten mehr.
Sie steht auf, beugt sich lachend zu mir,
macht Töne, die heißen könnten: „Auf geht's!"
Als ich versuche, weiterzuschlafen,
patscht sie mir ins Gesicht und beobachtet
scharf meine Augen, um wieder loszulachen,
wenn sie einen Spalt aufgehen.

Erster Triumph

Elias, 13 Monate, hat heute die ersten Wackelschritte gemacht. Steht frei da, schaut triumphierend in die Runde: Seht alle her, gleich kommt das Kunststück. Fünf kleine Schrittchen, bis er sich mir in die Arme werfen kann, und wieder zurück zum Papa.

Handauflegen

Ich habe Druck in der Schläfe wegen Schnupfen. Zeige, wo es weh tut. Elias, zwei Jahre, legt sein Händchen darauf und schaut tief in sich hinein. Nach einer Weile fragt er: „Tut's nimmer weh?"

Ertappt

Die Kinder streiten.
Ich: „Hört endlich auf zu streiten!"
Sophia unter Tränen: „Warum willst du eigentlich nicht, daß wir streiten?"
Ich: „Weil du dann weinst.
Sophia: „Und warum willst du das Geweine nicht hören?"

Selbsterkenntnis

Elias will einen steinigen Weg nicht gehen.
Sagt: „Deinich, deinich."
Wir verstehen schließlich: „Steinig!"
Elias: „Elias klein, schlecht sprechen."

Jakob, 3 Jahre: „Warum wird es schlechtes Wetter?"
Ich: „Da mußt du den Petrus fragen."
Jakob: „Aber ich bin doch nicht im Himmel, da kann ich ihn doch nicht fragen."
Ich: „Das stimmt."
Jakob: „Was stimmt?"
Ich: „Du stimmst."
Jakob: „Was stimmt an mir?"
Ich: „Alles stimmt an dir."
Jakob: „Aber ich bin doch nicht der liebe Gott."

Kinderfragen

Sophia, drei Jahre: „Warum ist der Himmel so gemacht, daß man den lieben Gott nicht sieht?"

Jakob, fünf Jahre: „Die Weltkugel, hört die irgendwo auf? Hört der Himmel nie auf?"

Sophia, 3 Jahre, sitzt auf meinem Bett und macht mit der Sprudelflasche Wasserflecken, was ich ihr verbiete.
Sophia: „Mama, warst du auch mal klein?
Ich: „Ja."
Sophia: „Und hast du auch gern geprietschelt (mit Wasser gespielt)?"
Ich: „Ja."
Sophia denkt nach und fragt:
„Warum bist du dann so schnell gewachsen?"

Ganz logisch

Lese den Kindern Rotkäppchen vor,
das bekanntlich vom Wolf gefressen wird und dann
lebendig aus dem Wolfsbauch hervorkommt.
Jakob fragt: „Warum hat er sie nicht gekaut?"

Jakob, vier Jahre, zieht sich ewig nicht aus.
Vater: „Du strapazierst meine Geduld ganz schön."
Jakob: „Was?"
Vater: „Du dehnst meine Geduld, bis der
Geduldsfaden reißt."
Jakob: „Und dann hast du keine mehr und kannst
nicht mehr überlegen."
Vater: „Warum?"
Jakob: „Weil es vielleicht sein kann, daß das Überlegen
lange dauert und dann braucht man Geduld."

Lese Jakob das Märchen „Ein Flöhchen und ein
Läuschen" vor. Am Schluß fließt und fließt das
Brünnlein und alles ertrinkt darin.
Jakob: „Aber das Brünnlein ist nicht ertrunken,
das lebt noch."
Ich: „Ja, so wie das Meer nicht im Meer ertrinken
kann."
Jakob: „So wie ein Auto nicht mit sich selbst einen
Unfall machen kann."

Wortschöpfung

Jakob, 4 Jahre, beim gemeinsamen Ernten von Rote
Beete:„Ich habe mehr Werkschwung als du."
Ich: „Was?"
Jakob: „Werkschwung. Komm, lern's mit mir, sag's
mir nach: Werkschwung."

Weiblich

Sophia, 3 Jahre, bürstet sich vor dem Spiegel
Sophia: „Mama, wie schön bin ich?"
Ich: „Wunderschön."
Sophia nach einiger Überlegung: „Gott sei Dank habe
ich nicht so schwarze Augenbrauen wie du, sondern
feine, glänzende."

Wir stapeln große Buchenscheiter auf,
grob gespaltene Holzbrocken, die halb so groß sind wie
Sophia (zweieinhalb Jahre).
Sie hilft, bis das letzte Stück weg ist, tut sich keinmal
weh, schwitzt, Mütze aus, Jacke aus, ruft:
„Ich bin auch eine große Kraft."

Welt verbessern

Jakob, 4 Jahre, stößt sich an einem Stein
und schimpft: „Warum gibt's hier [auf einer
kroatischen Insel] so viele Steine?"
Vater: „Weil die Venezianer die Bäume
abgeholzt haben, um Venedig zu bauen,
und der Wind die Erde weggetragen hat.
Jakob: „Warum haben sie nicht wieder
neue gepflanzt?"
Vater: „Weil sie Räuber waren."
Jakob bricht in Tränen aus und ruft:
„Ich will sie töten! Ich will sie töten!"
Und dann: „Ich will die Steine rausholen
und Bäume pflanzen."

Kinderliebe

Elias, zweieinhalb, müht sich, die hauchfeinsten
Küßchen zu geben, so daß man sie fast nicht spüren
kann. Er sagt:
„Mama, ich lieb dich so,
daß man es gar nicht sagen kann."

So sind Kinder. Aber sie sind nur so, wenn sie bekommen, was sie brauchen: die liebende Gegenwart von Vater und Mutter. Kinder, die während der Schwangerschaft Angst haben, Kinder, die als Last und nicht als Segen empfunden werden, Kinder, für welche die Eltern keine Zeit haben, Kinder, die in die Kinderkrippe abgeschoben werden, Kinder die den Medien ausgeliefert werden, Kinder, die Vater oder Mutter entbehren müssen, büßen ihre unbeschwerte Lebensfreude ein. Sie kommen mit seelischen Störungen in die Schule und beginnen eine Karriere von Versagen, Aggression und Depression, die zur Sucht und Kriminalität führen kann.
Oft genug läßt das Leben nicht zu, daß Kinder bekommen, was sie brauchen: Krankheit, Tod, Krieg, Not können jeden treffen. Das Leben hat wundersame Heilungsmöglichkeiten, und es kann gelingen, selbst wenn der Weg durch Abgründe führt. Das besondere an unserer Zeit ist, daß wir eine kinderfeindliche Kultur geschaffen haben und dadurch unsere Zukunft verwirken. Niemand kann euch, den Jungen, verwehren, neue Wege einzuschlagen – in eurem eigenen, existentiellen Interesse.

Meine Kinder sind nun erwachsen, drei eigenständige Menschen. Die Phase der Erziehung ist vorbei. Wenn ich immer noch darauf achten will, daß sie warm genug angezogen sind, lachen wir. Wenn ich sie dirigieren will, zeigen sie mir unmißverständlich die Grenzen. Die große Lektion der Pubertät war: Sie zu lieben, auch wenn sie tun, was ich nicht für richtig halte. Seit ich begriffen habe, daß sie entscheiden und ich nur noch raten (und beten) kann, begegnen wir uns neu, ebenbürtig. Wir interessieren uns dafür, was der andere denkt. Ich habe plötzlich kompetente Kritiker, kompetent, weil sie selbständig denken und auf der Welle der Zeit im Aufschwung sind, während ich im Abschwung bin. Die Beziehungsmuster, die es in jeder Familie gibt, verlieren ihre Macht, und die einzelne Persönlichkeit tritt in wachsender Freiheit in Erscheinung. Wie arm wäre ich ohne Kinder! Wie reich bin ich durch meine Kinder!

Wo stehst du?

Irgendwo in dem Szenario, das ich vor dir ausgebreitet habe, hast du dich vielleicht wiedergefunden.

Hast du schon viele Verletzungen und Enttäuschungen hinter dir und wagst kaum mehr zu hoffen, daß dir die große Liebe begegnen könnte?

Hast du dich an die Ex- und Hopp-Sexualität gewöhnt? Bloß keine Bindung, dann tu ich mir nicht weh?

Lebst du mit deinem Freund oder deiner Freundin in einer sexuellen Beziehung, ohne verheiratet zu sein, vielleicht sogar noch im Haus deiner Eltern? Ihr liebt einander, das genügt, über die Zukunft redet ihr nicht?

Oder bist du bereits ein Revolutionär der Reinheit und Keuschheit? Anders kannst du heute nicht rebellieren, denn die Wege der moralischen Grenzüberschreitung sind breit und ausgetreten.

Vielleicht hast du dich gerade deswegen schon sehr früh in sexuelle Abenteuer gestürzt, weil du nach Liebe, Zärtlichkeit und Geborgenheit hungerst. Du bist in eine sexuelle Beziehung hineingeschlittert und spürst nun plötzlich, daß du gebunden bist, ganz ohne Prüfung und Entscheidung. All deine Bedürftigkeit richtest du auf deinen Freund oder deine Freundin. Ihr versteht nicht, warum aus Kleinigkeiten Streit auflodert. Als Feuerlöscher benutzt ihr Sex, aber irgendwie wird selbst das schal. Ihr wollt euch trennen, aber könnt es nicht. Nichts könnte bedrohlicher sein, denn hinter der Beziehung lauern Verletzungen, Bedürftigkeit und Leere. Ein Großteil eurer Lebensenergie ist in der Beziehung gebunden. Interessen und Freundschaften liegen brach, was die Abhängigkeit noch verstärkt.

Vielleicht gibt es dir als Mann ein Gefühl von männlicher Stärke und Überlegenheit, wenn du Frauen „eroberst" – ein Wort, das nicht mehr zutrifft, weil es gar so leicht geworden ist. Oder du hast dich als Frau auf das Verführen von Männern verlegt, weil du dann spürst, daß du attraktiv bist. Nicht beachtet zu werden, wäre der Horror. Wie geht es dir, wenn gerade mal nichts geht? Wenn du dich entscheidest, in dieser Hinsicht ein Fasten einzulegen, dann lernst du dich kennen. Treibt dich dein sexuelles Verlangen oder deine innere Leere ans Internet, ans Telefon, zur Masturbation oder in die nächste Disko? Bist du ein Getriebener? Wie steht es mit deiner Selbstachtung? Gibt es irgendeine Chance, daß du auf diesem Weg glücklich wirst? Gibt es irgendeine Chance, daß du einen Partner findest, der mit dir durch die bedrängten Zeiten gehen wird, die vor uns liegen, mit dem du dein Leben aufbauen könntest?

Zunächst ist nur eines wichtig, daß du dir bewußt machst und erkennst: *So ist es.* Es gibt einen Weg zur Wiederherstellung der Reinheit. Es gibt einen Weg zur Lebensfreude. Es gibt einen Weg zur Liebe. Du magst dich jetzt als gefesselt erleben, aber in Wahrheit bist du frei. Erobere dir die Freiheit, die dein Geburtsrecht ist! Schon deinen nächsten Schritt kannst du in eine neue Richtung lenken.

Wie immer du leben magst, irgendwo in deinem Herzen gibt es die Sehnsucht nach Liebe, nach Lieben und Geliebtzuwerden.

Stell dir vor, jemand würde zu dir sagen:
„Ich verspreche dir die Treue in guten und in bösen Tagen, in Gesundheit und Krankheit, bis daß der Tod uns scheidet. Ich will dich lieben, achten und ehren alle Tage meines Lebens."
Stelle es dir wirklich vor, jemand sagt diese Worte zu dir mit allem Ernst. Du bist ausschließlich der Empfänger. Sprich sie dir einfach ein paarmal vor, beobachte deine Gefühle und schreibe sie auf!
Erst danach lies weiter.

In deinem Logbuch könnte stehen:
Das bin ich nicht wert.
Niemand kann jemanden wie mich für immer lieben.
Ich mag mich ja selber nicht.
Dann muß ich das ja auch sagen. Niemals! Ein ganzes Leben lang binden, das ist unmöglich, das will ich nicht.
Die haben mich alle ausgenutzt.
Ich habe die anderen ausgenutzt. Aber die wollten das ja selber.

Oder: Lieben, achten und ehren, ein ganzes Leben lang. Wie schön wäre das. Ob das möglich ist?

Nun stell dir vor, daß du diese Worte zu deinem Mann oder deiner Frau sagst. Beobachte wieder deine Gefühle und schreibe sie auf.

In deinem Logbuch könnte stehen:
Niemals. So jemanden gibt es gar nicht.
Ich will mich nicht für immer binden.
Das kann nur schiefgehen.
„Bis daß der Tod uns scheidet" – ein Mensch ein ganzes Leben lang? Wie langweilig! Hab ja gesehen, wie das bei meinen Eltern war.

Oder: Ja, ich suche den Gefährten, mit dem ich durchs Leben gehen will. Ich habe etwas überaus Kostbares zu verschenken: mich. Ich kann warten. Ich bereite mich vor. Ich mache mir bewußt, wie mein Lebenspartner sein soll. Ich prüfe, bevor ich mich binde.

Falls du dich in dem Dilemma befindest, daß du die Sehnsucht nach wahrer Liebe spürst und gleichzeitig Zweifel und heftige Widerstände in dir aufkommen, dich auf den Weg ihrer Verwirklichung zu machen, dann gibt es nur eines: *Halte die Spannung aus!* Es gibt eine Lösung – allerdings keine billige. Die Voraussetzungen sind:

1. Du mußt es wollen.
2. Du brauchst ein klares Ziel.
3. Du mußt bereit werden, Kleines zu opfern, um Großes zu gewinnen.

Eines hängt mit dem anderen zusammen. Es kann sein, daß du von der Idee entzündet wirst: Du siehst den Berggipfel und sagst: Da will ich hinauf! Es kann sein, daß du so sehr im Schlamassel steckst, daß du nicht weiterleiden willst und bereit bist, dein Leben zu ändern. Es kann sein, daß du die Erfahrung machst, ein geliebtes Kind Gottes zu sein. Dann fallen dir die

Schuppen von den Augen, und du *willst* dein Leben auf Gott ausrichten. Wie auch immer die Zündung geschieht, sicher ist: Ohne das Kleine für das Große zu opfern, kannst du die Liebe nicht finden. Das ist das umgekehrte Prinzip der Spaßgesellschaft, die euch zu Babies macht, deren Bedürfnisse *sofort* befriedigt werden müssen.

Ich habe dir ja versprochen: Ich werde dir reinen Wein einschenken.

Brauchen wir Gott?

Ohne Kinder keine Zukunft. Richtig?
Ohne Familie keine gesunden Kinder. Richtig?
Ohne Ehe zwischen Mann und Frau keine Familie. Richtig?
Ohne Familie keine Vermittlung von Tugend. Richtig?
Ohne Tugend Korrumpierung der Demokratie. Richtig?
Ohne Gott keine Verwirklichung des Guten. Oder doch?

In der christlichen Kultur, die wir einst waren, ist es nicht mehr *in*, von Gott zu sprechen. Wenn ich es tue, muß ich mit Spott, Häme, Ausgrenzung rechnen. Aber ich muß von Gott reden, weil ich keine andere Quelle der Hoffnung kenne.
Und ich *muß* von Gott reden, weil er mein eigenes Leben so wunderbar zum Guten gewendet hat.
Ich muß sogar ein noch größeres Tabu verletzen: Ich werde etwas Positives über die katholische Kirche sagen, obwohl man das nun wirklich nicht tut, denn dort, wo ich es am wenigsten erwartet habe, fand ich eine lebendige Beziehung zu Gott.

Werfen wir einen Blick auf die Wegstrecke, die wir bisher zurückgelegt haben: Ich habe dir die Welt, in der du lebst, geschildert: Wo man hinschaut, Probleme, große Probleme. Keine Vision, keine Philosophie, keine Bewegung, auf die man seine Hoffnung richten könnte. Zerstörung der Familie durch die sexuelle Revolution mit der Folge: Vergreisen der Bevölkerung und Zerstörung von Lebensglück und Lebenspotential eines großen Teils der Jugend. Beides zusammen führt in den Zivilisationsverfall, dessen Beschleunigung wir täglich erleben. Aus eigener Erfahrung sehen wir die Ergebnisse von J. D. Unwin bestätigt, der festgestellt hat: Die Begrenzung der sexuellen Triebbefriedigung ist eine notwendige Bedingung des kulturellen Fortschritts, umgekehrt ist die Aufhebung der sexuellen Grenzen die tiefste Ursache des kulturellen Niedergangs.

Ich habe versucht, dein Herz an die Liebe zu erinnern, die es ersehnt. Je weiter entfernt du von der Liebe lebst, um so mehr danke ich dir dafür, daß du bis hierher gelesen hast. Bestimmt ist dir vieles gegen den Strich gegangen. „Das geht doch gar nicht, die Zeiten sind vorbei, wir leben heute anders, wer glaubt denn noch an die Ehe" – wie immer deine Einwände lauten mögen. Aber wenn du das Buch trotzdem nicht in die Ecke gefeuert hast, dann deswegen, weil es irgendwo in dir einen Funken Sehnsucht gibt, der durch das, was du gelesen hast, mit Sauerstoff versorgt wurde und nun – so hoffe ich – etwas heller brennt. *Ein Leben, in dem die Liebe den roten Faden spinnt, ist möglich, ist für dich möglich*, ganz egal, wo du im Augenblick stehst.

Vielleicht befindest du dich in der Situation, daß du die Sehnsucht spürst, aber dir Klarheit, Mut und Kraft fehlen, einen Schnitt zu machen und deine Schritte auf den Weg der Liebe zu lenken. Sei unbesorgt: Wenn du dich Gott zuwendest, bekommst du geschenkt, was dir fehlt: Klarheit, Mut und Kraft. Notwendig ist nur eines: die Bereitschaft, dich von Gott berühren zu lassen. Er ist unglaublich erfinderisch, dich genau dort abzuholen, wo du jetzt stehst.

Unsere Zeit mit ihrem materialistischen, rationalistischen, naturwissenschaftlichen Weltbild behauptet, es gebe Gott nicht, weil er im Raster dieses Denkens nicht auftaucht. Wenn ich eine Brille anziehe, die Blau herausfiltert, dann sehe ich eben Blau nicht. Daraus allerdings eine Weltanschauung zu machen, die behauptet, Blau existiere nicht, und die große Mehrheit aller jemals geborenen Menschen, die Blau sehen, zu Phantasten zu erklären, ist grenzenlos überheblich.

Ich bitte dich wieder, Logbuch und Stift bereitzulegen und dir bewußt zu machen, wie du zu Gott stehst. Je besser du dich kennst, um so handlungsfähiger bist du. Ich mache dir ein paar Vorschläge, anhand derer du dich in deiner Seele vortasten kannst.

Welche Erfahrungen habe ich mit Gott gemacht?
Als Kind? Später?

Wie ist meine Einstellung zu Gott heute?
Gott gibt es nicht.
Gott brauche ich nicht.
Gott will ich nicht.
Gott suche ich.
Gott liebe ich.

Welche Ängste habe ich vor Gott?
Ich könnte nicht mehr tun, was ich will.
Ich müßte mich ändern.
Ich will nichts mit dem Kreuz zu tun haben.
Die moralischen Gebote sind völlig überholt.
Ich will nichts wissen von Sünde und Schuld.

Welche Sehnsucht habe ich?
Daß Gott mich kennt.
Daß Gott mich liebt.
Daß Gott mir vergibt.
Daß Gott mich führt.

Ich will dir erzählen, welche Erfahrungen ich mit Gott gemacht habe. Jeder, der eine persönliche Beziehung zu Gott hat, könnte dir von den Goldspuren seines Wirkens im eigenen Leben berichten.

Mit acht Jahren wollte ich getauft werden. Ich kam weinend zu meiner Mutter und fragte: „Mutti, komm ich in den Himmel, wenn ich nicht getauft bin?" Daraufhin ließ sie alle fünf Kinder evangelisch taufen. Es gab keine Glaubenspraxis, der Keim wurde nicht gegossen und verkümmerte wieder. Als Studentin war es dann nur noch eine Formsache, aus der Kirche auszutreten.

Nach Beendigung meines Soziologiestudiums und einem Jahr Arbeit als „Wissenschaftliche Planerin" kehrte ich der Universität den Rücken. 1973 stand ich mit ausgestrecktem Daumen an der Straße in Richtung Spanien, Marokko, auf der Suche nach ... nach Leben. In dieses Vakuum warf Gott mir einen Köder, ungesucht, unverdient, völlig überraschend. Ich sah einen Sonnenuntergang und wußte: Es gibt Gott. Beim Hören der letzten Beethoven-Klaviersonate machte ich die Erfahrung, geliebt zu sein – von wem, das wußte ich nicht, denn Jesus Christus war hinter dem Nebel der Kirchenkritik verborgen. Ein halbes Jahr lang dachte ich, ich würde nie wieder unglücklich. Werrch ein Iltum! Von da an habe ich Gott gesucht.

23 Jahre lang suchte ich ihn auf Wegen, auf denen man ihn nicht findet, in der Esoterik und Psychologie. Ich habe manches Nützliche gelernt, habe die Schmerzen meiner Kindheit kennengelernt und die Verhaltensmuster, die daraus entstanden sind, aber Lösung, gar Heilung, fand ich nicht.
In diesen zwei Jahrzehnten machte sich Gott ein paarmal sehr direkt bemerkbar. Als ich 1977 eine Woche lang in Amerika in einer Hütte saß und heilige Silben wiederholte, hörte ich die Worte: „My child." Ich hatte wieder keine Ahnung, wer da in meiner Seele sprach, aber die Worte verwandelten mich für ein paar zeitlose Augenblicke in das Gotteskind, von dem Jesus sagt: „Wenn ihr nicht umkehrt und wie die Kinder werdet, könnt ihr nicht in das Himmelreich kommen." (Mt 18,3)
Als ich 1992 vier Tage lang allein und fastend in der Natur auf „Visionssuche" war, sah ich das Antlitz Christi in einem Stein, und zwar in jenem Stein, der meine ungeklärte Berufung symbolisierte. Ich war überwältigt von seiner Schönheit, aber noch immer ahnungslos, wie ich Bekanntschaft mit Jesus machen könnte. Daß ich in eine Kirche hineingehen oder die Bibel aufschlagen könnte, kam mir nicht in den Sinn.
All das Streben nach Selbstverwirklichung führte in eine große Lebenskrise, in der meine (standesamtliche) Ehe zerbrach. Als mein Mann ausgezogen und ich mit unseren drei halbwüchsigen Kindern allein war, kam eine junge Nachbarin an die Tür und sagte: „Bete!" Ich tat es und wußte plötzlich: Ich werde katholisch. Zu dem Zeitpunkt dachte ich über die katholische Kirche so schlecht, wie es in unseren Breiten zum „guten Ton" gehört. Plötzlich gab es einen Schnitt durch die Mauer der Vorurteile. Ich sah Licht und wußte: Ich gehe durch. Dafür gibt es nur ein Wort: Gnade, unverdientes Geschenk. Gott schenkte

mir nicht ein weiteres Erlebnis seiner Gegenwart, sondern den Zugang zu den Heilsquellen der Kirche.
Katholisch zu werden, hatte zur Folge, daß ich meine Arbeit als Übersetzerin und Dolmetscherin von Psychologie und Esoterik aufgab, daß ich die meisten Freunde verlor und auf schweigsame Ablehnung in der Familie stieß. Ich brauchte Mut, mehr als je zuvor in meinem Leben, aber der war mit im Paket.

Katholisch zu werden, bedeutete für mich,
daß ich den Schlüssel zu einem spirituellen Schatzhaus fand,
daß aus dem Suchen Finden wurde,
daß ich den Leib Christi empfangen und anbeten darf
und daraus meine Kraft schöpfe,
daß ich die Gebote Gottes als Wegweiser zu Glück und
Liebe erfahre,
daß ich mir meiner Sünden bewußt werde,
daß ich durch das Opfer Jesu am Kreuz in der Beichte die
Gnade der Sündenvergebung erfahre,
daß ich mit über fünfzig Jahren meine Berufung gefunden
habe,
daß ich aus meinen Ängsten befreit wurde,
daß sich Lebensfreude ausbreitet,
daß ich eine Mutter im Himmel gefunden habe,
daß ich lebendige, christliche Gemeinschaften kennenlerne,
daß ich gute, neue Freunde gefunden habe,
daß ich in den Schriften des Papstes Inspiration und
Orientierung finde,
daß dem alles andere dazugegeben wird, dem es
zuerst um das Reich Gottes geht. (Mt 6,33)

Die Liste ließe sich fortsetzen. Würde das jemand erwarten, der die Litanei der Kirchenkritik nachbetet: Kreuzzüge, Hexenverbrennung, Inquisition, Abschaffung des Zölibats, Frauenpriestertum?
Weil mir die Kirche freien Zugang zur Quelle der Gnade schenkt, deswegen werde ich an ihr nicht irre, auch wenn ein Skandal den anderen jagt und starke Gruppen die Kirche, die „Braut Jesu Christi", in eine Braut des Zeitgeistes verwandeln wollen.
Keine Institution steht so sehr unter Beschuß wie die katholische Kirche. Zu allen Zeiten wurde sie angegriffen, weil die radikale Liebesbotschaft Jesu Christi für die herrschenden Mächte immer eine Bedrohung ist. Die Kirche ist ein Ärgernis, denn sie gibt dem Gewissen eine Stimme, das im Herzen jedes Menschen seinen Sitz hat. Wer sich sehr weit von dieser Stimme entfernt hat, der will sie nicht hören. Die Kirche wird angegriffen im Namen des Wertewandels, des Werteverfalls unserer Zeit. Aber wohin treibt diese Zeit? Wer kann zeigen, daß die Abkehr von Gott und seinen Geboten gute Früchte hervorbringt, daß diese Abkehr dem Leben und dem Menschen dient? Der Verweis auf die Sünden der Kirche zeigt nur, daß auch die Kirche aus sündigen Menschen besteht. Wer unter Heiligen leben will, dem bleibt nichts anderes übrig, als selbst den Weg der Heiligkeit zu beschreiten, sonst gibt es keine wechselseitige Anziehung.
Die Sünden der Gläubigen heben die Liebesbotschaft Jesu nicht auf. Seine Botschaft und seine Gnade haben in dieser Kirche trotz ihrer Verirrungen ungezählte Heilige und Märtyrer hervorgebracht und bringen sie noch immer hervor. Wissen jene, die mit so viel Empörung auf die Sünden der Kirche verweisen,

überhaupt etwas von ihnen? Gerade daß die katholische Kirche von den Medien ununterbrochen mit Sperrfeuer belegt wird, müßte einen neugierig machen, was denn da „gesperrt" werden soll. Es könnte sein, daß in der Kirche Sprengstoff lagert, der die Potenz hat, Strukturen der Sünde dieser Gesellschaft aufzubrechen.

Sünde – ein Wort, das aus dem modernen Vokabular gestrichen ist. Wo Gott für tot erklärt wird, da gibt es keinen Maßstab von Gut und Böse. Alles ist okay, solange die Beteiligten Vergnügen daran haben und nicht mit dem Strafgesetz in Konflikt kommen. Aber Gesetze können nur Mißbrauch von Freiheit bestrafen, sie können den guten Gebrauch der Freiheit nicht bewirken. Wie sieht es aus auf unserer Welt? Bewährt sich die Diktatur des Individualismus?

Wer von Sünde spricht, erkennt an, daß es einen absoluten Maßstab von Gut und Böse gibt. Eva und Adam haben sich verführen lassen, selbst über Gut und Böse zu entscheiden. Sie glaubten der Schlange, die log: „Ihr werdet nicht sterben, ihr werdet sein wie Gott."

Dieses Böse als personale Existenz zu benennen, nämlich als Teufel oder Satan, ist verpönt, selbst unter Christen. Das Wunderbare und Einzigartige an unserem Glauben ist, daß wir in einem personalen Universum leben, daß Gott Person ist und ich Person bin und daß ich und du zur Liebesbeziehung mit Gott berufen sind. Auch Gottes Widersacher ist Person, der gefallene Engel Luzifer. Ihn zu besiegen, war die Sendung Jesu Christi. Christen, die an der ganzen Lehre und an der Bibel festhalten, glauben, daß Gott und Satan um die ewige Seele des Menschen ringen, und daß es deswegen notwendig ist, den Feind zu kennen und zu benennen. Er verführt uns bis heute zum Aufbegehren gegen Gott: „Ich will mich nicht fügen! Über mir gibt es nichts! Ich will nicht bitten! Ich will nicht abhängig sein! Ich bin frei! *Ich will sein wie Gott!*"

Die Rebellion geschieht im Namen der Freiheit. Es nützt nichts, Freiheitsrebellen dieser Art die Liebe Gottes zu verkünden, denn selbst der liebevollste Vater würde als unerträgliche Beschneidung der eigenen Selbstherrlichkeit empfunden. Wenn aber der gemeinsame Vater nicht erkannt wird, entbrennt ein erbarmungsloser Kampf eines jeden gegen jeden – um meine Freiheit auf Kosten deiner Freiheit. Die Selbstmordterroristen sind der extreme Ausdruck der Geisteshaltung unserer Zeit: Lieber gehen wir alle zugrunde als auf die Knie.

Bekehrung zu Gott bedeutet Ausbruch aus dem Wahn: „Ich bin Gott!" Wir lachen über den Geisteskranken, der in die Klapsmühle gesteckt wird, weil er behauptet, er sei Jesus. Daß wir kollektiv von dieser Geisteskrankheit befallen sind, erkennen wir nicht, obwohl es uns doch der Zustand dieser Welt entgegenschreit.

Bekehrung zu Gott ist Bekehrung zur Wirklichkeit. Sie geschieht, wenn ein Mensch erfährt, daß Gott lebt und wirkt. Dann fallen einem die Schuppen von den Augen.

Mir sind nach und nach die Schuppen von den Augen gefallen. Es ist ein Prozeß, der nicht aufhört. Als Katholikin kann ich mich frohen Herzens der Selbsterkenntnis öffnen, denn ich glaube an die Vergebung der Sünden und erfahre sie in jeder Beichte.

Sünde zerstört die Freiheit, denn ich sündige ja, weil mich meine Begierden dazu treiben, nicht weil ich Herr über meine Begierden bin. Die Erfüllung der Begierden erscheint dann als die Erfüllung einer pervertierten Freiheit. Nur die allmähliche

Befreiung aus den Fesseln der Sünde schenkt die Erfahrung wirklicher Freiheit und wachsender Lebensfreude.
Die menschliche Tragik besteht darin: Die eigenen Sünden sind einem selbst verschleiert (anderen nicht!), und zwar je größer die Sünde ist, desto mehr.
Schau dich um: Warum sehen wir auf dem Fernsehschirm immer brutaleres, immer entwürdigenderes, immer perverseres Verhalten von Menschen? Warum genießen es so viele Menschen, dabei zuzuschauen, ja in Videospielen selbst zum Akteur zu werden? Weil entfesselte Begierden keine Grenze kennen, denn sie können die eigentliche Sehnsucht niemals stillen.
Umgekehrt werden einem die eigenen Sünden um so mehr offenbar, je mehr das Handeln vom Streben nach dem Guten bestimmt wird. Zwischen der einen und der anderen Spirale steht der Mensch mit der Freiheit zu wählen.
Gebrauchen wir unsere Freiheit, um zu Gott JA zu sagen, dann werden wir von der Dynamik der Aufwärts-Spirale ergriffen. Gott schenkt das Ziel und die Kraft. Es ist die Kraft der Erlösung durch Jesus Christus.

Ich habe dir von *meinem* Weg erzählt, der in die katholische Kirche geführt hat. Jeder Weg ist anders. Der Heilige Geist weht, wo er will. Vielleicht begegnest du Christus in der evangelischen Kirche oder in einer Pfingstgemeinde oder einfach in seinem Wort. Die Grundentscheidung ist, ob du Gott die Erlaubnis gibst, dich zu berühren und zu führen, auch dahin, wohin du nicht willst. (Joh 21,18)
Warum in anderen, nichtchristlichen Religionen suchen, in denen wir keine Wurzeln haben, wenn du das Schatzhaus der christlichen Religion noch gar nicht geöffnet hast? Warum sich

einen Mischmasch im spirituellen Supermarkt unserer Zeit zusammenklauben, der keine Kraft hat, irgendetwas zum Guten zu verändern, am wenigsten dich selbst? Das Einzigartige und Einmalige ist: In Jesus Christus ist Gott Mensch geworden. Alle anderen Religionen sind Wege des Menschen zu Gott. Christus ist der Weg Gottes zu den Menschen.

Nun gehe ich den Weg mit Jesus acht Jahre lang und spüre meinen Fortschritt darin, daß ich etwas von der Unfaßlichkeit des Geheimnisses ahne: Gott und Mensch in einer Person. Gott als die Einheit von drei Personen: Gott Vater, Gott Sohn, Gott Heiliger Geist. Auch ich bin Person, einzigartig und einmalig, bestimmt, an dieser Liebeseinheit teilzuhaben. Die Verheißung, nach dem Tod mit Leib und Seele aufzuerstehen in der Vollendung der einzigartigen Person, als die ich geschaffen bin, ist unendlich viel anziehender, als mich in namenloser Energie aufzulösen. Damit sich die Verheißung erfüllt, müssen wir in diesem Leben mit allen Kräften lernen, zu lieben. Wo unsere Kräfte nicht ausreichen, unsere Verletzungen zu tief sind, kommt uns die Barmherzigkeit Jesu entgegen. Ich ersehne, daß an mir und an allen die Verheißung Jesu wahr wird: ewiges Leben, ewige Freude.

Niemand hat so radikal geliebt wie Jesus. Wenn du den Film „Die Passion" von Mel Gibson anschaust, dann wird dir vor Augen geführt, wieviel sich Jesus die Liebe zu uns hat kosten lassen. Er ist für die Sünder gekommen, nicht für die Gerechten. Er rekrutiert seine Mitarbeiter aus ungebildeten Fischern, professionellen Betrügern und Huren. Die Kleinen, Schwachen, Verachteten, Kranken hat er aufgerichtet und geheilt, die Großen, Mächtigen und Scheinheiligen ins Licht der Wahrheit gestellt, obwohl ihn dies das Leben kostete. Wenn er für uns

gestorben ist, dann wird er diese Welt nicht preisgeben. Dann wird er sein Heilswerk zu Ende führen.
Jesus sagt: „Nehmt mein Joch auf euch und lernt von mir; denn ich bin gütig und von Herzen demütig; so werdet ihr Ruhe finden für eure Seele. Denn mein Joch drückt nicht, und meine Last ist leicht." (Mt 11,29-30)
Wir wollen nichts von ihm wissen, weil wir fürchten, das Joch könnte zu schwer sein. Aber wie schwer ist das Joch, das uns die Welt, die sich von Jesus nicht belehren und nicht beschenken lassen will, auf die Schultern legt?

Wenn du Jesus kennenlernen möchtest, dann gibt es viele Möglichkeiten. Es sind *naheliegende* Möglichkeiten, die nur deswegen fern scheinen, weil sie von Vorurteilen verschüttet sind.

- Du kannst das Evangelium lesen.
- Du kannst mit Jesus sprechen, auch wenn du zunächst den Eindruck hast, deine Worte verhallen in der leeren Luft.
- Du kannst an einen Kraftplatz fahren, auch Wallfahrtsort genannt. Medjugorje ist zum Beispiel ein Ort, an dem Millionen von Menschen eine direkte Gotteserfahrung machen.
- Du kannst zum nächsten Weltjugendtag fahren.
- Du kannst zu neuen geistlichen Gemeinschaften Kontakt aufnehmen. Sie warten auf dich. (Anders als bei Sekten wirst du nicht auf einer schmierigen Rutschbahn von Versprechungen über den Tisch gezogen, um dann deiner sozialen und materiellen Ressourcen beraubt zu werden.) Sei sicher, du lernst eine Menge netter Leute kennen.
- Du kannst dich in der nächsten Kirche vor den Tabernakel

knien und sagen: „Wenn es dich gibt, dann laß es mich erfahren ..." Katholiken und Orthodoxe glauben, daß Jesus in der konsekrierten Hostie wirklich anwesend ist. Sag deinem Intellekt, er soll schweigen. Er hat dafür einfach keine Antennen. (Ich gehe fast täglich zur Anbetung wie ein Schaf zur Tränke.)

Wir brauchen Gott, weil wir ohne die Erfahrung der Liebe, nicht lieben können. Niemand ist aus sich heraus fähig, mehr Liebe zurückzugeben, als er bekommt. Meistens geben wir etwas weniger Liebe zurück, als wir erhalten haben. Wenn das so ist, dann wird eine Welt, in der es keinen Liebeszufluß gibt, ein sehr kalter Ort. Schau dich um – wo kannst du Liebe tanken? Wer liebt dich so, wie du bist – bedingungslos? Wer würde dir zuliebe auf etwas verzichten? Ich kenne jemanden, der es für uns alle getan hat: Jesus.
Diejenigen, die Gott erfahren haben, wissen und bezeugen: Gott ist die Liebe. Gott ist der große Liebeszufluß in diese Welt. Er schenkt jedem immer wieder neu seine bedingungslose Liebe, damit wir uns auf den Weg machen können. Er liebt dich und mich in diesem Augenblick, so wie wir sind, denn nur im Fruchtwasser der Liebe kann sich ein Mensch wandeln. Menschen, die an dieser Quelle trinken, können zu einem Kanal werden, durch den die Liebe in die Welt fließt.

Die Theologie des Leibes

Es gibt eine Zeile des Dichters Hölderlin, die lautet: *In der Not wächst das Rettende auch.* Die Theologie des Leibes, die Papst Johannes Paul II. in den ersten fünf Jahren seines Pontifikats vor der Welt entfaltet hat, erscheint mir wie eine Antwort des Himmels auf das Abgleiten der westlichen Kultur in immer tiefere Abgründe der sexuellen Perversion.

Die christliche Morallehre hat keinen guten Ruf. Man hält sie für eine Ansammlung von Verboten, die gerade das als Sünde brandmarken, was am meisten Spaß macht: die Befriedigung sexueller Lust. Was hat die Kirche schon zu diesem Thema zu sagen, die doch angeblich aus lauter sexualfeindlichen Männern besteht?

Die Kirche, insbesondere Johannes Paul II., bietet der Welt eine solch reiche Fülle an Vision, philosophischer Durchdringung, theologischer Neubestimmung und Wegweisung an, daß die kommenden Generationen daraus werden schöpfen können, um eine Kultur der Liebe zu errichten.

Ich will versuchen, dir einen Vorgeschmack der Theologie des Leibes zu geben.[23] Vielleicht erscheint es dir zunächst so, als hätten die Gedanken keinen direkten Bezug zu deinem Leben. Aber überlege einmal, welchen Einfluß Gedanken auf das menschliche Leben haben. *Das Kapital* von Marx ist außerordentlich schwer zu lesen, nur wenige dürften verstehen, was er schreibt, und doch hat sein Denken das konkrete Leben von Milliarden von Menschen verändert. Deswegen bitte ich dich: Höre einfach unbefangen hin! Vielleicht gibt es Gott wirklich, und vielleicht hat er wirklich diesen wunderbaren Plan mit uns Menschen.

Theologie antwortet auf die Grundfragen des Menschen nach dem Sinn seiner Existenz unter der Voraussetzung, *daß es Gott gibt* und daß sich Gott durch die Propheten des Alten Testaments und schließlich durch die Menschwerdung Jesu Christi selbst offenbart hat. Gott ist Geist. In Christus ist das Wort Fleisch geworden, Gott hat sich inkarniert, er hat einen menschlichen Körper angenommen.

Durch die Selbstoffenbarung Gottes, wie sie in der Heiligen Schrift niedergelegt ist, wissen wir, daß Gott die Liebeseinheit von drei Personen ist: Gott Vater, Gott Sohn, Gott Heiliger Geist. Zwischen ihnen besteht vollkommene Liebe, das heißt vollkommenes Sichschenken und vollkommenes Empfangen. Liebe ist expansiv, Liebe ist fruchtbar. Deswegen hat Gott den Menschen geschaffen, um ihn in diese Liebesgemeinschaft mit hineinzunehmen. Er hat ihn um seiner selbst willen geschaffen, um sich ihm schenken zu können.

Wenn Liebe heißt, daß zwei Personen sich ganz schenken und ganz empfangen, dann bedarf sie der Freiheit. Sobald die Freiheit auch nur eine Spur beeinträchtigt ist oder das Schenken mit einem egoistischen Zweck verbunden wird, verliert das Geschenk seinen Wert. Ich schenke dir etwas, damit du mir etwas schenkst, oder ich nehme mir, was ich brauche ... Dann schrumpft die Liebe wie ein Ballon, in den ein Loch gestochen wurde. Übrig bleibt ein runzeliger Lappen.

Da Gott die Liebe ist und uns Menschen in seine Liebesgemeinschaft aufnehmen will, muß er uns mit Willensfreiheit ausstatten. Er kann sie uns nicht nehmen, selbst wenn wir diese Freiheit dazu benutzen, uns zu zerstören, denn wir könnten ihn dann nicht mehr lieben. Er kann uns allerdings beschenken. *Und wir können das Geschenk ablehnen.*

Weil Gott uns im irdischen Leben darauf vorbereiten will, in seine ewige Liebesgemeinschaft einzutreten, hat er uns „nur wenig geringer" geschaffen als sich selbst. Im biblischen Bericht über die Entstehung des Menschen heißt es:

Gott schuf also den Menschen als sein Abbild; als Abbild Gottes schuf er ihn. Als Mann und Frau schuf er sie. (Gen 1,27)

Wir sind Gott ähnlich, weil wir mit Geist begabt sind.
Wir sind Gott ähnlich, weil wir Willensfreiheit besitzen.
Wir sind Gott ähnlich, weil wir schöpferisch sind.
Wir sind Gott ähnlich, weil wir zur Liebe berufen und fähig sind.

Deswegen, weil wir Gott ähnlich sind, sind wir, wie Gott selbst, *Person*, und deswegen ist „die Würde der Person unantastbar".

Mit der Würde der Person ist es unvereinbar, wenn sie von irgendjemandem *benutzt* wird, um dessen Zwecken, selbst scheinbar guten, zu dienen. Dann wird ihre Würde angetastet. Man nennt diese Haltung *Utilitarismus*.

Oder möchtest du für irgend etwas benutzt werden?
Etwa im allerersten Stadium deiner Existenz zu Heilmitteln für Kranke verarbeitet werden?
Oder schuften, damit andere reichwerden?
Oder sexuell stimuliert werden, damit ein anderer seine Lust mit dir befriedigt?

Stellt man die Frage nackt, ohne interessengesteuerte Vernebelung, dann ist die Antwort: Nein! Denn ich bin frei. Ich habe ein Recht auf Leben, denn Gott will mein Leben. Ich will um meiner selbst willen geliebt werden. Nur das ist Liebe. Meine Würde ist unantastbar.

Gott ist reiner Geist, wir sind Geist und Körper. Ist nur der Geist Gott ähnlich, während das Fleisch „böse" ist? Das war die Lehre des Manichäismus, die noch immer in katholischen Köpfen herumspukt und noch mehr in den Vorurteilen über das, was katholisch ist. Die Kirche hat sie immer verworfen. Wie könnte der Körper böse sein, wenn Gott selbst einen menschlichen Körper annimmt, um sich zu offenbaren und die Menschen zu erlösen?

Nein, sagt der Papst, weit gefehlt. Gerade im Körper offenbart sich Gott. Der Körper ist ein sakramentales Zeichen, er offenbart die göttliche Wirklichkeit.

Warum, fragt der Papst, wurde der Mensch *als Mann und Frau* geschaffen? Gott hätte ja auch ein geschlechtsloses Wesen in einer einzigen Gestalt schaffen können. Warum sind ihre Körper aufeinander bezogen, warum gibt es die machtvolle sexuelle Anziehung zwischen Mann und Frau, warum ist jeder für sich ergänzungsbedürftig? Weil der Mensch für die Liebe geschaffen ist, für die freie Selbsthingabe an den anderen. Der Höhepunkt und Inbegriff der Selbsthingabe zwischen Mann und Frau ist der sexuelle Akt.

Nun gibt es aber ein Problem: Der Mensch lebt seine Sexualität nicht automatisch auf der Höhe, zu der er berufen ist. Wenn er seinen freien Willen nicht dazu benutzt, den Sexualtrieb zu beherrschen und in den Dienst der Liebe zu stellen, dann wird er zum Sklaven des Triebes, der ihn in die Hölle pervertierter Sexualität treibt.

Johannes Paul entfaltet das „tiefe Geheimnis" (Eph 5,32) der Sexualität in den drei biblischen Existenzweisen des Menschen: im Paradies, in der Geschichte und in der Ewigkeit.
Welchen Realitätsgehalt die biblischen Erzählungen vom Paradies haben, erörtert der Papst nicht. Für ihn sind es Aussagen, aus denen wir heute etwas über das Wesen und die Bestimmung des Menschen erkennen können.
Auf das Paradies verweist ihn die Antwort Jesu an die Pharisäer, die ihm eine Falle stellen wollten. Sie fragten Jesus:
„Darf man seine Frau aus jedem beliebigen Grund aus der Ehe entlassen? Er antwortete: Habt ihr nicht gelesen, daß der Schöpfer die Menschen *am Anfang* als Mann und Frau geschaffen hat und daß er gesagt hat: Darum wird der Mann Vater und Mutter verlassen und sich an seine Frau binden, und die zwei werden ein Fleisch sein? Sie sind also nicht mehr zwei, sondern eins. Was aber Gott verbunden hat, das darf der Mensch nicht trennen. Da sagten sie zu ihm: Wozu hat dann Mose vorgeschrieben, daß man (der Frau) eine Scheidungsurkunde geben muß, wenn man sich trennen will? Er antwortete: Nur *weil ihr so hartherzig seid*, hat Mose euch erlaubt, eure Frauen aus der Ehe zu entlassen. *Am Anfang war das nicht so*. Ich sage euch: Wer seine Frau entläßt, obwohl kein Fall von Unzucht vorliegt, und eine andere heiratet, der begeht Ehebruch." (Mt 19,3-9)
Wie war es *am Anfang*? Zunächst ist Adam allein und einsam. Er erkennt: Er ist anders als die Tiere, und er ist anders als Gott. Und Gott sieht: „Es ist nicht gut, daß der Mensch allein sei. Ich will ihm eine Hilfe machen." Er erschafft Eva aus einer Rippe Adams. Als Adam sie sieht, bricht er in Jubel aus: „Endlich Bein von meinem Bein und Fleisch von meinem Fleisch." (Gen

2,23) Er erkennt in Eva seine ebenbürtige Partnerin. Beide sind nackt und schämen sich nicht voreinander. Was war im Paradies anders als nach dem Sündenfall? In dem Buch *Liebe und Verantwortung* das Johannes Paul II. schrieb, als er noch Karol Wojtyla hieß, geht er dem Phänomen der Scham auf den Grund. Warum schämt sich ein Mensch vor dem anderen, wenn er nackt ist? Unter welchen Bedingungen schämt er sich nicht? „Das Schamgefühl ist die dem Menschen ganz eigene Tendenz, seine sexuellen Werte zu verbergen, sofern sie den Blick auf den Personwert verstellen könnten. Es ist ein Verteidigungsreflex der Person, die weder in der Tat noch selbst in der Intention ein Genußobjekt sein will, sondern im Gegenteil Liebesobjekt sein möchte." (LV, S. 162) Denn: „Lieben und die geliebte Person als Genußobjekt betrachten, schließen einander aus." (LV, S. 158) „So bahnt die Scham gewissermaßen der Liebe den Weg." (LV, S. 157)

Jeder kann in der eigenen Erfahrung entdecken, daß er sich entwürdigt fühlt, wenn er benutzt wird, wozu auch immer. Wenn ein Mann eine Frau zum Objekt seiner sexuellen Begierde macht, und sei es, wenn er „eine Frau auch nur lüstern ansieht" (Mt 5,28), dann verletzt er ihre Würde als Person. (Daß die Lüsternheit keine männliche Einbahnstraße mehr ist, vielmehr in einer allgegenwärtigen *Schamlosigkeit* aufgegangen ist, ist ein Zeichen des modernen Zivilisationsverfalls.)

Adam und Eva kannten deswegen keine Scham, weil ihr sexuelles Verlangen vollkommen in ihrer Bereitschaft aufgehoben war, sich gegenseitig in Liebe zu schenken und zu empfangen. Sie liebten so, wie Gott liebt, und waren dadurch in Einheit miteinander und mit Gott. Nur eine Person, die vom Zwang der

Begierde frei ist, kann sich dem anderen wirklich schenken. Im Paradies gab es keine Trennung zwischen dem, was das Herz, und dem, was der Körper wollte.

Doch dann kam die Schlange. Eva und Adam aßen vom Baum der Erkenntnis von Gut und Böse. Im selben Augenblick schämten sie sich vor Gott und voreinander. Adam bedeckt seine Scham mit Feigenblättern, damit Eva seine Begierde nicht sieht, und Eva bedeckt ihre Scham mit Feigenblättern, um sich vor Adams Begierlichkeit zu schützen. Sie schämten sich beide vor Gott, denn sie konnten nur deswegen von der Schlange verführt werden, weil sie Gott mißtrauten: Vielleicht will er gar nicht unser Bestes, vielleicht will er nur Macht über uns haben ... Dieses Mißtrauen träufelt beständig durch die Adern des Menschengeschlechts bis in unser eigenes Herz.

Die Folgen sind furchtbar. Gott sagt zu Eva: „Viel Mühsal bereite ich dir, sooft du schwanger bist. Unter Schmerzen gebierst du Kinder. Du hast Verlangen nach deinem Mann; er aber wird über dich herrschen." (Gen 3,16) Die Schöpfung ist durch den Sündenfall an ihrem innersten Punkt, der Liebeseinheit zwischen Mann und Frau, zersprungen. Das Herz von Mann und Frau wird nun zum Kampfplatz zwischen Liebe und Lust. Anfangs war es ein Riß. In unserer Zeit sind Scherben daraus geworden. Inmitten dieses Scherbenhaufens kämpfen wir um Selbsterlösung und verwunden uns dabei immer mehr.

Aber Gottes Liebe und sein Plan für die Menschen sind unaufhebbar. „Denn Gott hat die Welt so sehr geliebt, daß er seinen einzigen Sohn hingab, damit jeder, der an ihn glaubt, nicht zugrunde geht, sondern das ewige Leben hat." (Joh 3,16)

Jesus Christus wird Mensch, macht den menschlichen Körper zum Instrument der Offenbarung seiner Göttlichkeit.

Drei Jahre lang lehrt er die Menschen zu lieben. „Liebt einander! Wie ich euch geliebt habe, so sollt auch ihr einander lieben." (Joh 13,34) Und: „Wenn ihr mich liebt, werdet ihr meine Gebote halten." (Joh 14,15)
Was gebietet Jesus? In der Bergpredigt sagt er:
„Ihr habt gehört, daß gesagt worden ist: Du sollst die Ehe nicht brechen. Ich aber sage euch: Wer eine Frau auch nur lüstern ansieht, hat in seinem Herzen schon Ehebruch mit ihr begangen." (Mt 5,27-28)
Ist das nicht eine absurde, unerfüllbare Forderung zu allen Zeiten, besonders aber in unserer Zeit, in der wir keine Zeitung aufschlagen, keinen Film ansehen, nicht ins Internet gehen können, ohne daß die Lüsternheit angestachelt und bedient wird? Genießen wir Frauen es nicht, wenn wir in Männeraugen versteckte Flammen des Begehrens züngeln sehen? Machen wir nicht gerade deswegen unsere Kleider zu einer zweiten Haut, die möglichst viel erste Haut entblößt, damit wir dieses Flackern sehen? Und ihr Männer, ist es nicht das höchste der Gefühle, wenn euch eine Frau, wenn euch Frauen begehren?

Und was, wenn das Begehren im schnellen Sex abgefackelt wurde? Dann liegen zwei Körper nebeneinander, die doch Personen sind, geisterfüllter Körper und verkörperter Geist, und der Katzenjammer schleicht sich in die Seele. Sie haben einander benutzt und so die Würde der Person verletzt. Vielleicht in wechselseitigem Gleichgewicht des Egoismus, vielleicht hat aber auch einer die Abhängigkeit des anderen ausgenutzt. Wer sich nicht bereits auf One-night-stands verlegt hat, der findet sich im Gefängnis einer „Beziehungskiste" oder in der kläglichen Einsamkeit der Selbstbefriedigung.

Wenn Jesus sich gegen die Lüsternheit wendet, dann will er uns nicht die Freude an der Sexualität nehmen, sondern er will, daß sich diese Freude zur Ekstase der Liebeseinheit steigert. Er will das, was zersprungen ist, die Liebe und die Lust, wieder zusammenfügen. Er will das Herz des Menschen heilen.

„Liebt einander! Wie ich euch geliebt habe, so sollt auch ihr einander lieben." Wie hat Jesus geliebt?[24]

1. Aus freier Entscheidung. „Niemand entreißt mir mein Leben, ich gebe es aus freiem Willen hin (Joh 10,18).
2. Total, ohne Vorbehalte, ohne Bedingungen, ohne egoistische Hintergedanken. „Da er die Seinen, die in der Welt waren, liebte, erwies er ihnen seine Liebe bis zur Vollendung." (Joh 13,1)
3. Treu. „Ich bin bei euch alle Tage bis zum Ende der Welt." (Mt 28,20)
4. Fruchtbar. „Ich bin gekommen, damit sie das Leben haben und es in Fülle haben." (Joh 10,10)

Es gibt nur ein soziales Setting, in dem sich diese höchste Form der Liebe erfüllen kann: Das ist die Ehe. Genau diese Art von Liebe versprechen sich Braut und Bräutigam am Traualtar. Der Priester fragt beide:

„Bist du hierher gekommen, um nach reiflicher Überlegung und aus freiem Entschluß mit (Name) den Bund der Ehe zu schließen? Willst du deine Frau/deinen Mann lieben und achten und ihr/ihm die Treue halten alle Tage deines Lebens? Seid ihr bereit, die Kinder anzunehmen, die Gott euch schenken will?"

Beide antworten auf jede einzelne Frage vor Gott und den Menschen: „Ja." Damit dieses Ja ein gültiger Ehebund wird, muß es durch die Hingabe des Körpers im sexuellen Akt vollzogen werden.

„Aber", wirst du vielleicht einwenden, „dieses Ja haben schon unsere Eltern und unsere Großeltern gesprochen, und ihre Ehe war die Hölle. Sie ist dennoch zerbrochen. Alles, was ich sehe, sagt mir, daß das nicht lebbar ist."
Du hast recht: Es ist nicht lebbar, wenn dieses Ja *pro forma* gesprochen wurde, weil man eine schöne weiße Hochzeit in einer schönen Kirche wollte, ohne eine Ahnung zu haben, was das Sakrament der Ehe bedeutet. Es ist nicht lebbar, wenn Mann und Frau ihre Kraft nicht aus der Erlösungsgnade Jesu Christi schöpfen. *Denn was Jesus fordert, schenkt er uns*. Nicht ohne daß wir darum bitten, nicht ohne unsere Mitarbeit mit ganzem Einsatz, denn er will keine Zombies, er will freie Menschen, die sich für ihn entscheiden.
Die christliche Sexualmoral hat nur einen Zweck, den Menschen auf den Höhenweg der Liebe zu führen. Wenn wir bei jedem konkreten Thema fragen: Erlaubt ein bestimmtes Handeln, zur Fülle der Liebe zu gelangen, zu der wir berufen sind, dann ergibt sich die Antwort von selbst:

Voreheliche sexuelle Beziehungen? Ist Liebe auf Abruf, die künstlich unfruchtbar gemacht wird.
Selbstbefriedigung? Ist Hingabe an sich selbst und schließt die Erfahrung der Liebe aus.
Seitensprung? Ist Treuebruch, der unfruchtbar bleiben muß.
Homosexualität? Ist wesenhaft unfruchtbar.

All diesen Spielarten der Sexualität ist eines gemeinsam: Sie sind unfruchtbar oder werden künstlich unfruchtbar gemacht. Sie haben keinen Sinn, der über die Bedürfnisbefriedigung der beteiligten Personen hinausweist.

Die Verhütung des Kindes, das aus dem sexuellen Akt entstehen kann, ist in unserer Zeit das Selbstverständlichste, was es gibt. Darauf verzichten zu sollen, erscheint ein vollkommen unakzeptabler Eingriff in die persönliche Freiheit. Lieber rutschen wir auf der schlüpfrigen Bahn der Sexualisierung in einen kollektiven Sterbeprozeß, als dieses Freiheitsrecht in Frage zu stellen.

Hören wir, was Sigmund Freud dazu sagt, den man als einen Großvater der sexuellen Revolution bezeichnen kann:

„Die Abkehr von der reproduktiven Funktion ist das gemeinsame Merkmal aller Perversionen. Wir beschreiben eine sexuelle Aktivität dann als pervers, wenn sie das Ziel der Fortpflanzung aufgegeben hat und die Lustbefriedigung zu einem davon unabhängigen Ziel macht." *(Vorlesungen zur Einführung in die Psychoanalyse)*

In der *Enzyklika Humanae Vitae* heißt es. „Die Verknüpfung zwischen liebender Vereinigung und Fortpflanzung darf der Mensch nicht eigenmächtig lösen."

Er *darf* sich aber die heute sehr präzisen Erkenntnisse über den Fruchtbarkeitszyklus der Frau zunutze machen, um verantwortliche Elternschaft zu praktizieren, das heißt, die Zahl der Kinder dem Wohl der ganzen Familie anzupassen. Diese Methode heißt NER, Natürliche Empfängnisregelung.[25] Sie ist sicherer als die Pille und hat nur gute (Neben)wirkungen. Aber NER ist weitgehend unbekannt, weil man sie nicht verkaufen kann. Man bezahlt nicht in Euro, sondern mit periodischer Enthaltsamkeit.

Warum bewertet die kirchliche Morallehre die technische und die natürliche Kontrolle über die Empfängnis so verschieden? Weil der Mensch sich im ersten Fall der Lebensprozesse *bemächtigt*, während er sich im zweiten Fall in die Lebensprozesse *einfügt*. Im ersten Fall ist er ein Usurpator, einer, der sein möchte wie Gott, im zweiten Fall fügt er sich in die vorgegebene Ordnung ein.

Der Körper spricht seine eigene Sprache. Sie kann wahrhaftig sein oder lügnerisch. Im sexuellen Akt soll der Körper das Ja, das die Brautleute vor dem Altar gesprochen haben, erneuern und ausdrücken. Verhütung verkehrt das Versprechen in ein Nein. Wenn die Ehegatten am Altar ja sagen, dann aber ihre Vereinigung steril machen, dann lügen sie mit ihrem Körper, dessen „Muttersprache göttliche Liebe ist", wie der Papst formuliert.

Natürliche Empfängnisregelung läßt sich nur in einer stabilen Beziehung praktizieren, in der beide Partner bereit sind, liebevoll auf den anderen Rücksicht zu nehmen. Ehepaare, die NER praktizieren, berichten von einem Aufleben ihrer Beziehung und ihrer Sexualität. Jeder weiß aus Erfahrung, wie gut das Essen schmeckt, wenn man es eine Weile entbehrt hat. So gelangt man aus dem Tal der freiwilligen Enthaltsamkeit auf einen um so höheren Gipfel.

Selbstbeherrschung zu lernen, ist notwendig, denn die Ehe ist kein Freischein für zügelloses Ausleben der sexuellen Begierde. Meistens verlieren die Frauen recht bald die Lust daran, weil sie merken, daß sie nicht geliebt, sondern benutzt werden. Männern kann dieser Unterschied länger verborgen bleiben, und sie stoßen sich weniger daran. Keuschheit ist keine Tugend, die man allenfalls vor der Ehe praktiziert und dann auf dem Standesamt abgibt. Keuschheit in der Ehe bedeutet, daß die Begierde von der Liebe transformiert wird: Ich ersehne die körperliche Einheit mit dir, weil ich dich liebe, und nicht, weil

ich mich mit dir befriedigen will. Mann und Frau begegnen einander mit reinem Herzen. Das ist der Stoff, aus dem gute Ehen gemacht sind.
Die Anleitung zur guten Ehe findet sich im Brief des Paulus an die Epheser (5,21-33). Der erste Satz lautet: „Einer ordne sich dem anderen unter in der gemeinsamen Ehrfurcht vor Christus." Mann und Frau sind also vollkommen ebenbürtig. Dann folgt ein Satz, der gern aus dem Zusammenhang gerissen und damit vollkommen falsch gedeutet wird. „Ihr Frauen, ordnet euch euren Männern unter wie dem Herrn (Christus); denn der Mann ist das Haupt der Frau, wie auch Christus das Haupt der Kirche ist."
Unerhört! empören sich die Feministinnen. Hier wird der patriarchalen Männerherrschaft das Wort geredet! Aber höre weiter: „Ihr Männer, liebt eure Frauen, wie Christus die Kirche geliebt und sich für sie hingegeben hat." Ein Mann, der seinen Jüngern die Füße gewaschen hat, der bereit ist, für uns zu sterben – würden wir Frauen uns ihm nicht gerne unterordnen, ihn nicht gerne das Haupt der Familie sein lassen? Sehnen wir uns nicht nach einem starken, ordnenden, Grenzen schützenden Mann mit Entscheidungskraft?
„So will er die Kirche herrlich vor sich erscheinen lassen, ohne Flecken, Falten oder andere Fehler; heilig soll sie sein und makellos. Darum sind die Männer verpflichtet, ihre Frauen so zu lieben wie ihren eigenen Leib."
Was, nur Leib sollen wir sein? Moment mal: Nur? Nicht erst die Theologie des Leibes, sondern der Katechismus sagt: „Das Fleisch ist der Angelpunkt des Heils. Wir glauben an Gott, den Schöpfer des Fleisches; wir glauben an das Wort, das Fleisch geworden ist, um das Fleisch zu erlösen; wir glauben an die

Auferstehung des Fleisches, in der sich die Schöpfung und die Erlösung des Fleisches vollenden. (KKK 1015)
Der Papst leuchtet mit dem Licht der Erkenntnis, daß das Wort Fleisch geworden ist, in jeden Winkel des Menschseins. Der Körper, geschaffen als Mann und Frau, ist ein sichtbares Zeichen für das Göttliche. „Der Leib, und nur er, kann das Unsichtbare sichtbar machen: das Geistliche und Göttliche." (20. 2. 1980)
Hat man der Kirche nicht immer vorgeworfen, sie wäre leibfeindlich? Aber wer wertet den Leib ab: die Vorwurfsvollen oder die Kirche? Psychologisch gesehen handelt es sich um eine *Projektion*. Die Erniedrigung des Körpers und damit des Menschen in der sexuellen Perversion unserer Tage wird der Kirche angelastet, die gerade davor warnt.
Paulus sieht die Beziehung zwischen Mann und Frau in der Ehe als Abbild der Beziehung Christi zur Kirche.
„Darum wird der Mann Vater und Mutter verlassen und sich an seine Frau binden, und die zwei werden ein Fleisch sein. Dies ist ein tiefes Geheimnis; ich beziehe es auf Christus und die Kirche." (Eph 5,31)
Der Theologie des Leibes geht es darum, dieses Geheimnis zu ergründen, damit wir daraus leben können. „Die Bibel beginnt in der Genesis mit der Ehe des ersten Mannes und der ersten Frau, und sie endet in der Offenbarung mit einer anderen 'Ehe' – der Hochzeit Christi mit seiner Kirche ... Christus hat seinen Vater im Himmel verlassen. Er hat auch das Haus seiner irdischen Mutter verlassen. Warum? Um seinen Körper für die Braut (die Kirche) hinzugeben, so daß wir 'ein Fleisch' mit ihm werden. Das geschieht in der Eucharistie. Die Eucharistie ist das Sakrament von Braut und Bräutigam."[26]

Bei jeder Kommunion empfangen wir den Leib Christi. Dies ist ein Mysterium, das der Verstand nicht fassen kann, dessen Wirkung wir aber erleben können. Hätte sich ein Hirngespinst zweitausend Jahre lang halten können? Die Eucharistie ist der sakramentale Vorgriff auf die Hochzeit des Lammes in der Ewigkeit.
Bei dieser Hochzeit zwischen Christus und seiner Kirche werden die Erlösten weiterhin Männer und Frauen sein, aber es wird keine Sexualität mehr geben. Jesus sagt: „Denn nach der Auferstehung werden die Menschen nicht mehr heiraten, sondern sein wie die Engel im Himmel." (Mt 22,30)
Der Verzicht auf das irdische Abbild der himmlischen Hochzeit, nämlich der Verzicht auf die Ehe, genannt Zölibat, den Priester und Ordensleute leisten, geschieht keineswegs, weil die Sexualität „böse" ist, sondern im Gegenteil, sie bringen Gott ein überaus kostbares Opfer. Gott beruft Menschen schon jetzt, so zu leben wie im Himmelreich, nämlich als „Braut" Jesu Christi.

Das alles sind nur Hinweise auf den Reichtum der Theologie des Leibes, die diesen Reichtum so wenig darstellen können wie der Text auf einer CD die Musik. „Musik" werden Worte dadurch, daß sie gelebt werden. Sie zu leben, ist einfach und schwer. Sie nicht zu leben, ist tödlich.

Homosexualisierung

Wir nähern uns dem Ende dieser Reise. Aber es gibt noch ein Thema, über das ich sprechen muß: die Homosexualisierung unserer Gesellschaft. Ich habe bis jetzt damit gewartet, weil ich erst die Grundlagen schaffen wollte, aus denen du selbst ableiten kannst, ob Homosexualität ein Weg ist, auf dem sich die menschliche Sehnsucht nach Liebe erfüllen kann, ob sie ein Weg ist, der dem Allgemeinwohl dient. Weil der Staat, das Erziehungssystem vom Kindergarten über die Schulen bis hin zur Universität, die Medien, ja sogar Gruppen in den Kirchen, Homosexualität als eine Lebensoption propagieren, die der Heterosexualität gleichwertig sei, und *weil der Fortbestand der Kultur auf dem Spiel steht*, deswegen *muß* ich näher darauf eingehen.

Wenn „alle" sagen, Homosexualität ist gut und normal, muß es dann nicht richtig sein? Falls du es abstoßend findest, wenn du siehst, wie sich zwei Männer oder zwei Frauen zungenküssen, bist du da nicht hoffnungslos von gestern, ist es da nicht dringend geboten, daß du deine diskriminierenden Gefühlsreaktionen schleunigst auf den Stand unseres modernen Freiheitsideals bringst?

Nein, es muß nicht richtig sein. Denk ein wenig zurück in der Geschichte! Hatte die große Mehrheit recht? Keine noch so große Mehrheit kann das Unterscheidungsmerkmal für

Wahrheit sein. Keine noch so große Mehrheit entbindet den Einzelnen von seinem Gewissen. Aber ein Problem gibt es: Wenn es eine Minderheit schafft, ein Meinungsklima und schließlich Machtstrukturen zu schaffen, die es teuer machen, bei der Wahrheit zu bleiben, dann trauen sich viele nicht mehr, ihre Meinung zu äußern. Sie beginnen an ihrer Sicht zu zweifeln und passen sich schließlich – oft ohne daß es ihnen bewußt wird – der Mehrheit an.

Der stärkste Trumpf jeder sozialen Gruppe, die ihre Mitglieder bei der Stange halten will, ist die Ausgrenzung. Es ist für jeden Menschen bedrohlich, in einer Gruppe, der er angehört, an den Rand gedrängt oder gar ausgeschlossen zu werden, und zwar um so bedrohlicher, je existentieller die Bedürfnisse sind, die durch die Gruppe erfüllt werden.

Die Homosexualisierung ist in einem atemberaubenden Tempo bis zu einem Punkt fortgeschritten, an dem es in vielen sozialen Zusammenhängen zur Diffamierung und Ausgrenzung führt, wenn man sich dagegen ausspricht.

Ich schicke das voraus, um dich zu bitten:

Mach dir bewußt, ob du – unabhängig von der inhaltlichen Bewertung der Homosexualität – bereit bist, einen Preis zu zahlen, falls du etwas als wahr erkennst, das die Mehrheit nicht teilt. Kannst du dich an Situationen erinnern, in denen du das getan hast? Frage dich, ob du es ertragen könntest, als „Spießer", „Heterosexist", „Homophober", „religiöser Fanatiker" oder „Rassist" bezeichnet zu werden, falls du erkennen und bekennen würdest, daß praktizierte Homosexualität für den einzelnen Menschen und für die Gesellschaft schädlich ist. Wer es in einer öffentlichen Position tut, der riskiert Kopf und Kragen.

Mitte Oktober 2004 hat es einer gewagt: Rocco Buttiglione, designierter EU-Innen- und Justizkommissar. Drei Wochen vor seinem Amtsantritt lehnte der Innenausschuß des Europäischen Parlaments den hochqualifizierten Juristen und Professor der Philosophie mit 27 zu 26 Stimmen ab. Warum? Weil er auf die Frage, wie er zur Homosexualität stehe, folgendes antwortete:

„Ich möchte an einen alten und vielleicht nicht völlig unbekannten Philosophen, Immanuel Kant aus Königsberg, der eine klare Unterscheidung zwischen Moral und Recht macht, erinnern. Vieles mag als unmoralisch erwogen werden, aber es sollte nicht verboten werden ... Ich mag denken, daß Homosexualität eine Sünde ist. Dies hat keinen Einfluß auf die Politik, solange ich nicht sage, daß Homosexualität ein Verbrechen ist ... Ich möchte sagen, daß ich es als eine inadäquate Erwägung des Problems betrachte, anzunehmen, daß jeder in moralischen Fragen übereinstimmt. Wir können eine Gemeinschaft der Bürger aufbauen, auch wenn wir in moralischen Fragen unterschiedliche Meinungen haben. Der Auftrag ist vielmehr Nichtdiskriminierung. Der Staat hat kein Recht, seine Nase in solche Angelegenheiten zu stecken, und niemand darf auf der Basis seiner sexuellen Orientierung oder seines Geschlechts diskriminiert werden. Dies steht in der Charta der Grundrechte, dies steht in der Verfassung, und ich habe mich verpflichtet, diese Verfassung zu verteidigen."

Diese Äußerungen führten zu einem einmaligen Eklat in der EU. Am 27. Oktober 2004 hätte die neue EU-Kommission unter Manuel Barroso vom Parlament bestätigt werden sollen. Barroso erkannte am Vortag, daß er keine Mehrheit bekommen würde, und trat nicht zur Wahl an. Er bildete eine neue

Kommission. Geopfert wurde Buttiglione. Sozialdemokraten, Liberale und Grüne hatten erklärt, mit Buttiglione werde keine EU-Kommission eine Mehrheit finden.

Einer der Wortführer, welche die Kommission zu Fall brachten, ist Daniel Cohn-Bendit, ein ehemals militanter Achtundsechziger, der in seinen Memoiren *Der große Basar* über die Zeit berichtet, als er in einem antiautoritären Kindergarten als „Bezugsperson" tätig war:

„Es ist mir mehrmals passiert, daß einige Kinder meinen Hosenlatz geöffnet und angefangen haben, mich zu streicheln. Ich habe je nach den Umständen unterschiedlich reagiert, aber ihr Wunsch stellte mich vor Probleme. Ich habe sie gefragt: 'Warum spielt ihr nicht untereinander, warum habt ihr mich ausgewählt und nicht andere Kinder?' Aber wenn sie darauf bestanden, habe ich sie dennoch gestreichelt."[27]

Dieser Sieg der Sexualrevolutionäre im Europäischen Parlament ist ein schwarzer Tag für Europa. Er sanktioniert europaweit ein faktisches Berufsverbot für engagierte Christen.

Der Kampf für die Aufhebung aller normativen Grenzen bei der Sexualisierung dieser Gesellschaft wird im Namen von Toleranz und Antidiskriminierung geführt. Aber daß dies nur ein ideologischer Köder ist, zeigt der Fall Buttiglione: Nicht Diskriminierung kann ihm zum Vorwurf gemacht werden, denn er verpflichtet sich eindeutig, die Charta der Grundrechte zu verteidigen; vielmehr hält das Parlament die Werte, zu denen er sich als Katholik bekennt, für untolerierbar. Wenn die EU-Kommission gekippt werden kann, weil ein hochqualifizierter, designierter Kommissar bekennt, daß er Homosexualität für Sünde hält, wo wird es da noch Grenzen geben? Niemand hat gewagt, den Kulturbruch, der hier geschehen ist, im EU-

Parlament beim Namen zu nennen. Jeder, der es wagt, riskiert seine Position in Politik und Medien.
Das Antidiskriminierungsgesetz steht vor der Tür. Zu befürchten ist, daß es ebenso lautlos und reibungslos durchs Parlament geht, wie die bisherigen Homogesetze. Möglicherweise wird man dann ins Gefängnis kommen, wenn man seinen Glauben bekennt: Homosexualität ist Sünde.
Jesus sagte zu den Leuten: „Sobald ihr im Westen Wolken aufsteigen seht, sagt ihr: Es gibt Regen. Und es kommt so. Und wenn der Südwind weht, dann sagt ihr: Es wird heiß. Und es trifft ein. Ihr Heuchler! Das Aussehen der Erde und des Himmels könnt ihr deuten. Warum könnt ihr dann die Zeichen dieser Zeit nicht deuten? Warum findet ihr nicht schon von selbst das rechte Urteil?" (Lk 12,54-57)

In einer gesellschaftlichen Situation bedrohter Meinungsfreiheit ist es nicht einfach, das rechte Urteil zu finden. Ich bitte dich dennoch, die Frage zu prüfen: Handelt es sich bei der Aussage, Homosexualität sei Sünde, um eine Diskriminierung der Homosexuellen? Das Alte und das Neue Testament lassen keinen Zweifel daran, daß Homosexualität für Gott „ein Greuel" ist.[28] Ist das Bekenntnis, an das Menschenbild der Bibel zu glauben, ein Ausschlußgrund für ein öffentliches Amt?

Es lohnt sich, dieser Frage auf den Grund zu gehen, denn *Diskriminierung* ist der Schlüsselbegriff, mit dem der Kampf um die Homosexualisierung geführt wird. Zur Klärung braucht es *discrimen*, was auf lateinisch *Unterscheidung* und *Entscheidung* heißt.
Das Lexikon übersetzt „Diskriminierung" mit Herabsetzung, Herabwürdigung. Wenn wir das Wort gebrauchen, meinen wir

eine illegitime Herabsetzung, welche die Würde der Person verletzt.

Angenommen, ich sage einem Kleptomanen, also einem, der zwanghaft stiehlt, daß ich sein Verhalten für schlecht halte – entwürdige ich ihn damit? Die Antwort ist: Nein. Sie fällt deswegen leicht, weil Konsens darüber besteht, daß Stehlen für den Menschen, der das tut, für die Bestohlenen und für die Gesellschaft schädlich ist. Wenn dies jemand „Sünde" nennt, gibt er zu erkennen, daß er Christ ist und daran glaubt, daß jeder Mensch letztendlich vor Gott stehen wird und es eine endgültige Entscheidung über ewiges Leben oder ewige Verdammnis geben wird – ein Bekenntnis, das jene in Rage bringt, die im Begriff sind, im Namen der Toleranz die Werte zu zerstören, welche die abendländische Kultur hervorgebracht und getragen haben.

Dem Kleptomanen die Augen zu öffnen und ihm liebevoll einen Weg der Befreiung aus diesem Verhalten zu weisen, wäre ein Akt der Barmherzigkeit. Andere vor ihm zu warnen und zu schützen, eine mitmenschliche und bürgerliche Pflicht.

Angenommen, es handelt sich um Menschen, die mit Kindern pornographische Filme drehen oder die solche Filme konsumieren: Ist es eine Entwürdigung, wenn alle rechtsstaatlichen Mittel eingesetzt werden, um ihnen das Handwerk zu legen? Nein. Der Konsens besteht auf Grund des *Werturteils*, daß ein solches Verhalten schlecht ist, nämlich ein krimineller Mißbrauch von wehrlosen Abhängigen, und daß die Gesellschaft vor solchen Menschen geschützt werden muß.

Bei der Entscheidung, ob die Ablehnung eines Verhaltens eine Diskriminierung ist oder nicht, muß es also eine Verständigung über Werte geben. Ist ein Verhalten gut oder schlecht für die

Person, die es tut, für jene, die davon betroffen sind, und für das Gemeinwesen als Ganzes? Schlechtes, schädliches Verhalten abzulehnen und das Gemeinwesen davor zu bewahren, ist keineswegs eine Diskriminierung, sondern die Pflicht jedes Menschen und vor allem die Pflicht des Staates.
Die zweite Frage ist, mit welchen *Mitteln* dies in einem freiheitlichen Rechtsstaat geschehen darf.
Es hilft nichts: Seit Eva den Apfel vom Baum der Erkenntnis von Gut und Böse gepflückt hat, müssen wir Werturteile fällen. Daß wir es können, unterscheidet uns vom Tier. Es ist die Voraussetzung der Freiheit. Da das Gute schwer und das Böse leicht zu tun ist, ist die Wahrscheinlichkeit groß, daß wir dem Bösen seinen Lauf lassen, wenn wir versuchen, neutral zu sein.

Fragen wir also: Ist Homosexualität gut oder schlecht für jene, die sie praktizieren, für jene, die davon betroffen sind, und für das Gemeinwesen als Ganzes?
Einen Maßstab finden wir, wenn wir uns über das Wesen der Sexualität verständigen. Einen anderen, wenn wir die Früchte homosexuellen Verhaltens und der Homosexualisierung der Gesellschaft betrachten.

Das Wesen der Sexualität

Wie wir in diesem Buch gesehen haben, findet der Mensch nur dann Erfüllung in der Sexualität, wenn er sie als höchsten Ausdruck liebevoller Hingabe lebt. Im Sexualakt von Mann und Frau entsteht der Mensch. Alles, was der Mensch ist und sein soll, verdichtet sich an diesem Punkt. Die höchste Auffassung, die wir vom Menschen haben können, ist, daß er von Gott als sein Abbild um seiner selbst willen geschaffen wurde. Der Sexualakt ist also ein Geschehen, in dem Gott und Mensch bei der Schaffung eines neuen Menschen zusammenwirken. Aus dieser Sicht des Menschen ergibt sich seine unantastbare Würde. Wie wir gesehen haben, verbietet es die Würde der Person, den anderen zum Lustobjekt zu erniedrigen.

In unserer Zeit wird dieser Zusammenhang zersprengt. Der Mensch hat sich von Gott abgewandt und die Sexualität aus ihrer wesenhaften Bestimmung, den Menschen zu zeugen, herausgerissen. Dabei ist Verhütung eine meist aufhebbare, willkürliche Entkoppelung von Geschlechtsakt und Zeugung, während Homosexualität völlig außerhalb dieser objektiven Bestimmung der Sexualität steht. Die Ansicht von Sigmund Freud sei hier wiederholt: „Die Abkehr von der reproduktiven Funktion ist das gemeinsame Merkmal aller Perversionen. Wir beschreiben eine sexuelle Aktivität dann als pervers, wenn sie das Ziel der Fortpflanzung aufgegeben hat und die Lustbefriedigung zu einem davon unabhängigen Ziel macht." (Es sei noch einmal betont, daß damit keineswegs gemeint ist, daß der Sexualakt nur stattfinden dürfe, wenn ein Kind gezeugt werden soll. Es geht um die prinzipielle Entkoppelung.)

Die Sexualität wird durch Gleichgeschlechtlichkeit der Partner aus der Liebeseinheit von Mann und Frau herausgerissen. Wir sind als Mann und Frau geschaffen und aufeinander bezogen. Der sexuelle Akt eint, was verschieden ist, Mann und Frau, und läßt daraus den neuen Menschen entstehen. Wenn diese Einheit von Mann und Frau nicht hergestellt wird, zerfällt die Schöpfung, und das Menschengeschlecht stirbt aus.

Die biologische Gestalt des Körpers spricht eine eindeutige Sprache: Der Mann verkörpert das aktive, nach außen gehende

Prinzip, die Frau das passive, empfängliche Prinzip. Da der Mensch in seiner seelisch-geistigen Verfassung äußerst flexibel und formbar ist, sind Mann und Frau zur Entfaltung der gegengeschlechtlichen Qualitäten fähig. Das Hineinwachsen in die eigene Geschlechtsidentität vollzieht sich bei der Reifung des Menschen gleichzeitig mit der Entfaltung gegengeschlechtlicher Fähigkeiten.

Die umfassendste, alle anderen Bereiche durchdringende Identität ist durch unser Geschlecht gegeben. Wer seine Geschlechtlichkeit als Mann oder Frau nicht annehmen kann, leidet an der tiefsten aller Identitätsstörungen. Wenn homosexuell empfindende Menschen mit Hilfe der hochentwickelten psychologischen Methoden unserer Zeit nach den Ursachen forschen, stoßen sie auf Störungen in der Beziehung zu Vater und Mutter, die eine eindeutige Identifizierung mit dem eigenen Geschlecht verhindert haben. Wer sich auf diesen Weg begibt und Heilung sucht, kann sie finden.[29]

Die Homolobby hat ihren Kampf lange mit dem Argument geführt, Homosexualität sei angeboren. Daraus hat sie die Gleichwertigkeit von homo- und heterosexueller Orientierung abgeleitet. Dieselben Gruppen, welche die Homosexualisierung mit diesem Argument betreiben, kämpfen vehement gegen die angeborene Wesensprägung von Mann und Frau. „Man kommt nicht als Frau zur Welt, man wird es", war der Schlachtruf von Simone de Beauvoir.

Dies ist reine Ideologie, also eine gedankliche Lüge, die einen bestimmten Zweck verfolgt. Die Wahrheit ist: Man kommt als Mann und Frau zur Welt, aber nicht als Homosexueller – man wird es.

Martin Dannecker, selbst Protagonist der Homolobby, den die Bundesregierung mit einem „Sexualwissenschaftlichen Gutachten zur Homosexualität" beauftragte, schreibt darin: „Alle in der Vergangenheit angestellten Versuche, die Homosexualität biologisch zu verankern, müssen als gescheitert bezeichnet werden."[30]

Homosexualität ist also eine psychologische Störung der Geschlechtsidentität, die geheilt werden kann, wenn der Betroffene geheilt werden will.

Was ist das Wesen des Sexualaktes? Jeder erfährt, daß die sexuelle Begegnung ein Geschehen ist, das den ganzen Men-schen ergreift, den Körper, die Seele, den Geist der einzigartigen Personen, die sich so vereinen. Die Bibel hat dafür das wunderbare Wort „erkennen". Es drückt aus, daß sich zwei Menschen im Sexualakt nicht nur körperlich, sondern auch geistig-seelisch nackt gegenübertreten. Dies geschieht vor allem dadurch, daß die physische Vereinigung in der Vereinigung des Blicks mitvollzogen wird. Gerade diese tiefe Öffnung vor dem anderen und für den anderen schafft eine seelische Verbindung, deren Verletzung oder Mißbrauch so tiefe seelische Wunden reißt. Sich auf allen Ebenen der Person nackt zu begegnen, heißt, sich in der Wahrheit zu begegnen. In der Homosexualität ist das nicht möglich, denn einer von beiden übernimmt eine falsche Geschlechtsidentität. Einer der beiden Männer macht sich zur Frau, indem er in seinem Verhalten Weiblichkeit nachahmt und indem er Körperöffnungen, deren Funktion es ist, Speise aufzunehmen oder Kot auszuscheiden, zum weiblichen Geschlechtsorgan zweckentfremdet. Der physische Vollzug bei homosexuellen Männern erlaubt nicht, daß sich beide das Gesicht zuwenden und einander in die Augen schauen. Aber gerade im Blick vereinigt sich eine Seele mit der Seele des anderen. Fazit: Homosexualität überwindet nicht die ursprünglichste aller Trennungen, die Trennung zwischen Mann und Frau. Sie erlaubt keine authentische und wahrhaftige Begegnung. Sie ist unfähig, Leben zu zeugen. Homosexualität zerreißt die Schöpfung in ihrem Kern.

Muß es uns da wundern, daß die Folgen verheerend sind?

Die Folgen homosexuellen Verhaltens

Es gibt eine Fülle sozialwissenschaftlicher Untersuchungen zur Homosexualität. Viele wurden von Menschen durchgeführt, die sich zur Homosexualität bekennen und Aktivisten der Homobewegung sind, die also über jeden Verdacht der Manipulation zum Nachteil der Homosexuellen erhaben sind. Die Ergebnisse zeigen einheitlich, daß praktizierte Homosexualität zu gravierender Beeinträchtigung der körperlichen und seelischen Gesundheit führt. Sie zeigen, daß der Homosexuelle in der Regel bindungsunfähig und bindungsunwillig ist und von Beziehung zu Beziehung jagt. Die meisten dauerhaft homosexuell lebenden Männer haben in ihrem Leben mehrere Hundert Sexualpartner. Im Vergleich zu Heterosexuellen haben homosexuelle Männer und Frauen ein erheblich höheres Risiko, AIDS zu bekommen, Geschlechtskrankheiten, schwere Depressionen, Angstneurosen und Eßstörungen; Selbstmordneigung, Alkoholabhängigkeit, Medikamentenabhängigkeit und andere Süchte sind bei ihnen deutlich höher. Die Folge ist, daß die Lebenserwartung für homosexuell und bisexuell lebende Männer erheblich niedriger ist als im Durchschnitt der Bevölkerung.

Das alles ergeben empirische, wissenschaftliche Untersuchungen, von denen eine kleine Auswahl im Anhang aufgeführt wird. Die Ergebnisse werden der Öffentlichkeit von Staat und Medien systematisch vorenthalten. Hervorragende und umfassende Informationen finden sich im *Bulletin des Deutschen Instituts für Jugend und Gesellschaft*.[31]

Die wissenschaftlichen Ergebnisse weisen alle in dieselbe Richtung: Wird die Sexualität aus der Beziehung von Mann und Frau herausgelöst, so führt sie zu einer Beeinträchtigung von körperlicher und seelischer Gesundheit, die niemand wollen kann – außer er ist süchtig. Die Homolobby versucht, die dramatische Warnung, welche die wissenschaftlichen Ergebnisse darstellen, dadurch zu entkräften, daß sie behauptet: Nur weil Homosexualität gesellschaftlich nicht akzeptiert sei, habe sie diese zerstörerischen Folgen. Dafür gibt es keinerlei Beleg.

Die homosexuelle Revolution

Seit der Streichung des Paragraphen 175 aus dem Strafgesetzbuch im Jahre 1969, der Unzucht zwischen Männern mit Gefängnis bestraft hat, und der vier Jahre später (1973) erfolgten Streichung der Homosexualität aus dem Diagnosehandbuch der Amerikanischen Psychiatrischen Gesellschaft (APA) wurden wir Zeuge eines beispiellosen Siegeszuges der homosexuellen Bewegung.

Die sogenannten Loveparaden dürftig bekleideter Homo-, Bi-, Trans- und Queer-Sexueller, denen prominente Politiker voranschreiten, finanziert durch öffentliche Gelder, sind ein

Indikator für den gesellschaftlichen Wandel, der in den letzten 35 Jahren mit wachsender Beschleunigung stattgefunden hat und immer weiter vorangetrieben wird.
Inzwischen verpflichten die Lehrpläne in Schulen aller Altersstufen die Lehrer dazu, Homosexualität und sonstige Spielarten sexuellen Verhalten als gleichwertig zur Heterosexualität darzustellen. Die millionenfach und kostenlos an Eltern, Lehrer und Erzieher verteilten Schriften der Bundeszentrale für gesundheitliche Aufklärung propagieren Homosexualität durchweg als „gleichwertige Lebens- und Liebesform". Politiker fordern „Homokunde" in den Schulen. In dem von der EU mitfinanzierten GLEE-Projekt werden Erzieher und Lehrer in Seminaren trainiert, die natürliche Abwehr von Kindern auf die Gleichwertigkeit von Homosexualität mit Heterosexualität umzuprogrammieren.
Die globale Weichenstellung geschieht in der EU und den UN, wo starke Kräfte daran arbeiten, daß die freie Wahl der sexuellen Orientierung als Menschenrecht anerkannt wird. Damit ist nicht gemeint, daß jeder in seinen vier Wänden tun und lassen darf, was er will, was eine rechtsstaatliche Selbstverständlichkeit ist, solange andere dadurch nicht geschädigt werden. Das Ziel ist vielmehr, die Rechtsordnung der Staaten dieser Welt so zu verändern, daß Ehe und Familie als Fundament der Gesellschaft aufgelöst werden. Dieser Prozeß ist in westlichen Gesellschaften bereits weit fortgeschritten.
Am 10. November 2000 wurde vom Bundestag das sogenannte Lebenspartnerschaftsgesetz verabschiedet, das die „Homo-Ehe" bis in die feinsten Verästelungen der Gesetzgebung der monogamen Ehe zwischen Mann und Frau gleichstellt.[32]
Dieses Gesetz wurde beschlossen, obwohl allerhöchstens drei

Prozent der männlichen Bevölkerung und 1,5 Prozent der weiblichen Bevölkerung homosexuell empfinden (die Zahlen werden von der Homolobby maßlos übertrieben), obwohl Homosexuelle bis dahin nichts mehr verabscheut haben als die spießbürgerliche Institution der Ehe, obwohl Treue – selbst dann, wenn eine gesetzliche Lebenspartnerschaft eingegangen wurde – dem homosexuellen Lebensstil zuwider ist. Dennoch hat der Bundestag am 29. Oktober 2004 das Recht auf Stiefkindadoption und das Verlobungsrecht von homosexuellen Paaren gesetzlich verankert.

Man stelle sich vor: Ein Kind muß mit der Tatsache fertig werden, daß es Vater, Mutter oder beide Eltern verloren hat oder von ihnen nicht gewollt wurde, und wird nun zwei Männern oder zwei Frauen als Eltern ausgeliefert. Wir leben in einem psychologisierten Zeitalter. Jeder weiß, daß Störungen in der Beziehung zu Vater und Mutter den Lebensweg aus der Bahn werfen können. Nun soll ohnmächtigen Kindern, die möglicherweise durch einen anonymen Samenspender oder Leihmutterschaft das Licht der Welt erblickt haben, das Recht auf Vater und Mutter genommen werden. Ist der menschenverachtende Irrsinn noch zu überbieten?

Ja, er ist zu überbieten. Die Pädophilen haben den gleichen Feldzug begonnen wie die Homosexuellen. Was einst Kinderschändung genannt wurde, heißt jetzt „intergenerational intimacy", also Intimität zwischen den Generationen. Dieser wertneutrale Begriff, von dem man meinen könnte, er bezeichne die normalen Gesten der Liebe zwischen den Generationen, soll ein Verhalten bezeichnen, das noch (!) ein kriminelles Delikt ist, nämlich der sexuelle Mißbrauch von Kindern durch Erwachsene.

Auch damit nicht genug: Renommierte Juristen an renommierten amerikanischen Universitäten sind im Begriff, das Familienrecht so umzugestalten, daß – Achtung eine neue Sprachschöpfung – *Polyamorie* möglich wird, nämlich die Gruppeneheschließung in jeder beliebigen Kombination.[33]

Das alles ist nicht science fiction von einer „schönen neuen Welt", ist kein Alptraum, aus dem man erwachen kann, sondern Realität, in die ihr jungen Menschen hineingeboren seid, die aber ein kultureller Zerstörungsakt jüngsten Datums ist. Wer kann mir und euch erklären, was der Gewinn für die Gesellschaft ist, wenn Homosexualität und in ihrem Gefolge jede Art von Perversität zur Normalität erklärt, staatlich anerkannt, geschützt und gefördert wird? Welches allgemeine Gut mehren Homosexuelle in ihrer unmittelbaren Umgebung und in der Gesellschaft? Warum genügt es Menschen mit einem lebensverneinenden Sexualverhalten nicht, dieses in ihrer Privatsphäre in den Grenzen des Rechtsstaates auszuüben? Warum muß die ganze Gesellschaft aufgemischt werden? Woher die ungeheure Wucht dieser Bewegung?

Zum einen: Widernatürliche, lebensverneinende Sexualität kann die tiefe Sehnsucht des Menschen nach Vereinigung in liebender Hingabe nicht erfüllen. Weil niemals tiefe Befriedigung von Leib und Seele eintritt, treibt es den so Verstrickten über immer neue Grenzen und zu immer neuen Partnern, oft Hunderten in einem homosexuellen Männerleben. Eine personale Beziehung, in der ein Mensch reift und in seiner Liebesfähigkeit wächst, ist so unmöglich. Vielmehr handelt es sich um süchtiges Verhalten, eine Sucht, die nicht Nikotin, nicht Alkohol, nicht Heroin konsumiert, sondern Menschen, und zwar häufig

möglichst junge.[34] Jede Art von Sucht bedeutet, daß ein Mensch etwas für sein Wohlbefinden braucht, das ihn (und andere) zerstört. Natürlich hat derjenige, der in dieser grenzüberschreitenden Dynamik gefangen ist, das größte Interesse daran, alle Gesetze abzuschaffen, die sein Verhalten mit Strafe bedrohen.
Glenn Wyler, ein Mann, der aus der Homosexualität herausgefunden hat, und eine Zeitlang ein Doppelleben als Ehemann und Vater plus homosexueller Beziehungen führte, beschreibt den süchtigen Zustand so:
„Das größte Problem war jedoch: Wenn ich mit diesem Mann zusammen war, hatte ich ein unersättliches Verlangen nach mehr. Je mehr ich ihn hatte, desto verzweifelter brauchte ich ihn (oder einen anderen Mann, falls er nicht zur Verfügung stand). Der Hunger verschwand nicht, sondern wurde größer, wenn ich versuchte, ihn zu stillen. Diese widerstreitenden Sehnsüchte und mein ganzes seelisches Verletztsein führten zunehmend dazu, daß mir der Selbstmord als die vernünftigste Lösung erschien."[35]

Zum zweiten: Der Mensch hat ein Gewissen. Er kann es betäuben, er kann es zum Schweigen bringen, aber er kann es sich nicht aus dem Herzen reißen. In der Tiefe empfängt er die Signale des Gewissens und findet, wenn er in Widerspruch dazu lebt, niemals inneren Frieden. Davon zeugt die Häufigkeit seelischer Erkrankungen und die erhöhte Selbstmordneigung bei den Homosexuellen. Wohin treibt ihn dieser Spannungszustand? Er braucht die Bestätigung von außen, daß sein Verhalten in Ordnung ist. Wenn viele in seiner Umgebung dasselbe tun wie er oder sie, ja, wenn der Übervater Staat sogar sagt: „Alles in Ordnung mein Junge, weiter so!", dann, ja dann, so hofft er, wird er endlich Frieden finden. Aber es kommt kein Frieden, denn das Gewissen läßt sich nicht täuschen; seine Stimme wird um so vernehmlicher, je jammervoller die Lebensumstände, je näher der Tod.

Die politische Dynamik der Homobewegung spiegelt ihre sexuelle Dynamik. Es gibt kein Halten, es gibt keine Grenze. Im Sommer des Jahres 2004 kommentierte der rechtspolitische Sprecher der Partei Bündnis 90/Grüne, Volker Beck, die Ge-setzesvorlage der Regierung zum Adoptionsrecht homosexueller Paare in der Tagesschau. Er sagte: „Wir werden nicht aufhören, bis wir alles erreicht haben." Das nächste Etappenziel hat er schon 1988 so formuliert: „Allein eine Mobilisierung der Schwulenbewegung für die rechtlich im Gegensatz zur Pädosexualität [Sex mit Kindern] völlig unproblematische Gleichstellung von Homo- und Heterosexualität ... wird das Zementieren eines sexualrepressiven Klimas verhindern können – eine Voraussetzung, um eines Tages den Kampf für die zumindest teilweise Entkriminalisierung der Pädosexualität aufnehmen zu können."[36]

Und da gibt es keinen Aufschrei der Psychologenverbände? Da gibt es keinen nennenswerten Widerstand in den politischen Parteien, die Einhalt gebieten? Nein, den gibt es nicht: Hier, nehmt die Kinder, bedient euch, wir geben euch die größte Macht über sie, die ein Mensch über den anderen haben kann, nämlich die „elterliche Gewalt". Ihr, die ihr niemals werdet Kinder zeugen können, dürft Kinder adoptieren.

„Wir werden nicht aufhören, bis wir alles erreicht haben", sagt Volker Beck. Gewiß werden sie nicht aufhören, aber sie werden nicht alles erreichen, denn solange es Männer und Frauen gibt, werden sie in ihrer Seele wissen, daß sie füreinander geschaffen sind und für die Weitergabe des Menschenlebens.

Sich gegen die sexuelle Sünde zur Wehr zu setzen, war zu allen Zeiten schwer und wird in unserer Gesellschaft zunehmend unmöglich, ja fast gefährlich. Man bedenke, wofür und unter welchen Umständen Johannes der Täufer sein Leben verloren hat, er, der mit Jesus verwandt ist, der ihm den Weg bereitete, der von Jesus „der Größte unter den Menschen" genannt wird: Ihm wird auf Befehl eines berauschten und betörten Königs der Kopf abgeschlagen, weil er es wagte, dem König zu sagen: „Du hattest nicht recht, [die Frau deines Bruders Philippus] zur Frau zu nehmen."

Diese Überlegungen werfen ein Licht auf die Dynamik der Bewegung, eine hinreichende Erklärung sind sie nicht. Warum lassen sich Staat und Gerichte vor den Karren der homosexuellen Revolution spannen? Der Staat und die Gerichte haben die Aufgabe, das Allgemeinwohl zu fördern. Deswegen stellt das Grundgesetz Ehe und Familie „unter den besonderen Schutz der staatlichen Ordnung". Was wird aus den Menschen, was wird aus dem Staat, was wird aus der Demokratie, wenn der primäre und unverzichtbare Ort, an dem der Mensch zur sittlichen Verantwortung erzogen wird, nämlich die Familie, zerstört wird? Das Elend der Vergreisung der Bevölkerung steht vor der Tür. Warum fördert der Staat durch „Homo-Ehe" und Indoktrination der Jugend eine Lebensform, welche die Fortpflanzungsfunktion des Sexualtriebes ausschaltet?

Wenn die Regierenden die Aufgabe, das Allgemeinwohl zu fördern, fahren lassen, handelt es sich um eine Machtclique, die sich zum Herrschaftsinstrument von Partikularinteressen macht und dem Gemeinwesen Schaden zufügt. Diesen vom Volk fernzuhalten, haben die Amtsinhaber bei ihrem Antritt geschworen.

Folgt aus alledem, daß der einzelne homosexuell praktizierende Mensch ausgegrenzt werden soll? Es gilt bei der Sünde der Homosexualität das gleiche Prinzip wie bei jeder anderen Sünde, das der heilige Augustinus so formuliert: die Sünde hassen und den Sünder lieben. Mutter Teresa hat es vorgelebt: Sie hat keinen Zweifel daran gelassen, daß Homosexualität mit der Natur des Menschen und dem Gebot Gottes unvereinbar ist, und hat sich gleichzeitig den Aidskranken und Homosexuellen liebevoll zugewendet. Wenn Menschen in unseren Lebenskreis treten, die in lebensverneinender Sexualität gefangen sind, so können wir ihnen nur helfen, wenn wir sie als Sohn oder Tochter, Bruder oder Schwester, Freund oder Freundin annehmen und sie die Liebe erfahren lassen, nach der sie sich in der Tiefe ihres verwundeten Herzens sehnen.

Was täte ich, wenn ein Mensch, den ich liebe, eine homosexuelle Neigung in sich entdecken und sie ausleben würde? Ich würde ihn (oder sie) beharrlich fühlen lassen, daß ich ihn liebe. Ich würde ihm den großen Schmerz zeigen, den ich *um seinetwegen* empfinde, weil ihm Familie und tiefe seelische Erfüllung versagt sein werden. Ich würde, falls ich zu den prägenden Personen seines Lebens gehöre, mit therapeutischen Mitteln in meinem eigenen Verhalten nach den Ursachen der Störung seiner Geschlechtsidentität suchen. Ich würde ihn bitten, sich selbst auf diesen Prozeß einzulassen, und ihn mit Menschen in Kontakt bringen, die bezeugen, daß sie die Homosexualität überwunden und zu einem glücklichen Familienleben gefunden haben. Ich würde ihm alles sagen, was ich hier gesagt habe. Ich würde ihn mit seinem Freund, sofern er einen festen Freund hätte, zu Familienfesten einladen und mit Christen zusammenbringen, deren Leben bezeugt, was sie glauben. Ich würde ihn weiterlieben, auch wenn er dies alles ablehnte. Ich würde für ihn beten.

Die Homosexualisierung der Gesellschaft ist ein kultureller Krieg, bei dem es um den Fortbestand der westlichen Zivilisation geht. Denis Prager, ein prominenter amerikanischer Autor, schreibt:

„Die Schaffung der westlichen Zivilisation [durch die jüdisch-christliche Tradition] war eine äußerst schwierige und einzigartige Errungenschaft. Sie verlangte einen ständigen Verzicht auf sofortige Bedürfnisbefriedigung und die Beherrschung natürlicher Instinkte. Das Fundament dieser Zivilisation ist die Integrität des Familienlebens. Die Annahme der Homosexualität als gleichwertig zur heterosexuellen ehelichen Liebe ist ein ebenso sicheres Zeichen des Zerfalls der westlichen Zivilisation, wie die Ablehnung der Homosexualität und anderer Formen nichtehelicher Sexualität die Schaffung dieser Zivilisation ermöglicht hat."[37]

Was macht eine Kultur beständig in der Zeit? Die Pharaonen errichteten Monumente, die uns noch heute von ihrer stolzen Hochkultur künden. Die Pyramiden stehen, aber die Kultur, von der sie zeugen, ist längst vergangen. Unter den Sklaven, welche die Städte und Tempel des Gottkönigs Ramses II. erbauten, waren Hebräer, die als Nomaden ins Land gekommen waren. Hätte damals jemand vorausgesagt, daß nicht das Kaiserreich der Pharaonen überleben würde, sondern dieses jüdische Sklavenvolk – nichts hätte absurder erscheinen können. Warum ist die machtvolle Hochkultur der Ägypter vor Jahrtausenden untergegangen, während die Kultur dieses kleinen Nomadenvolks die Zeit überdauert hat, obwohl es immer wieder verfolgt wurde bis hin zur physischen Vernichtung im Holocaust?

Diese Frage stellt Jonathan Sacks, Oberrabiner der Juden in England, in seinem wunderbaren Buch *Radical then, Radical now*. Seine Antwort:

„Die Israeliten bauten lebendige Monumente – Monumente des Lebens – und wurden ein Volk, dem es das höchste Anliegen war, neuen Generationen das Leben zu schenken und ihnen das Erbe der Vergangenheit zu überliefern. Ihre großen Institutionen waren die Familie und die Erziehung durch das Gespräch zwischen den Generationen. Anstelle von Tempeln bauten sie Häuser des Gebets und des Lernens. Statt auf Steine setzten sie auf Worte und Lehre. Sie sahen in Gott nicht die Macht, die versklavt, sondern die Macht, die befreit."[38]

Navigation in Turbulenzen

Lieber Alexander, liebe Johanna, lieber Lukas, liebe Antonia, lieber Oliver, liebe Lisa, lieber David, liebe Stefanie,

wie immer du heißen magst: Ich danke dir, daß du dieses Buch gelesen hast. Ich danke Dir deswegen, weil es sicher mehr als einen Punkt gab, an dem du bisher ganz anderer Ansicht warst und vielleicht immer noch bist. Du warst bereit, dich ins Licht der Selbsterkenntnis zu stellen. Das ist das Wichtigste, was du tun kannst, denn es bewahrt dich vor Verblendung, vor Ideologisierung, vor Mitläuferei, vor falschem Frieden mit der Lüge. Selbsterkenntnis ist das Tor zur Versöhnung, zur Freiheit, zu deinem eigenen, unendlich kostbaren Selbst, das es in diesem Universum nur ein einziges Mal gibt.

Die Welt, in der wir leben, sieht düster aus. Die Wolken am Horizont verdichten sich immer mehr und künden das Ende der Spaßgesellschaft. Auf materielle Sicherheit zu bauen oder auf deine eigene Kraft zu vertrauen, damit alles so läuft, wie du es dir wünschst, ist unrealistisch. Über die Kräfte der weltweiten Veränderung, die in Gang gesetzt sind, hat niemand mehr Kontrolle. Der globalisierte Raubtierkapitalismus läßt Frieden mit der Erde und Frieden unter den Menschen nicht zu. Die Klimaveränderung kann nicht mehr aufgehalten werden. Die Vergreisung der Bevölkerung ebensowenig. Vor Terrorismus ist niemand mehr sicher. Der kulturelle Krieg zwischen denen, die eine Kultur des Lebens fördern, und jenen, welche die Kultur des Todes herbeiführen, hat alle Bereiche der Gesellschaft erfaßt.

Wir haben über den Untergang von Zivilisationen gelesen und bestaunen ihre Reste im Museum. Dieses Phänomen erschien uns so fern wie jene versunkenen Kulturen. Aber es ist keineswegs fern, sondern wir befinden uns mitten darin: im Untergang der abendländischen Kultur. Jahrtausende lang strebte sie nach den Idealen des Wahren, Schönen und Guten. Heute darf die Wahrheitsfrage nicht mehr gestellt werden, das Schöne ist dem Verzerrten und Obszönen gewichen, Gut und Böse zu unterscheiden und Böses böse zu nennen, ist verpönt. Wie sollen, wie wollen wir in einem solchen geschichtlichen Augenblick leben? Wo finden wir Halt, Orientierung und Hilfe?

Meine Antwort hat zwei Worte: *Lerne lieben!* Wenn du dir das zum Leitstern machst, so wird er dich über alle Klippen, ja über die Schwelle des Todes führen. So wie die drei Könige, vom Stern geleitet, Jesus fanden, so wird auch dich dieser Stern zur Quelle der Liebe führen, nämlich zu Gott. Die tiefste Ursache des Zivilisationszerfalls ist die Abwendung von Gott, unserem Schöpfer. Rettung wird es nur geben, wenn wir uns ihm wieder zuwenden. Rettung gibt es für jeden Einzelnen, der sich ihm zuwendet und Gott in die Mitte seines Lebens stellt.

Lerne lieben! Leichter gesagt, als getan. Ich habe mir diesen Satz schon lange zum Lebensziel gesetzt. Trotzdem bin ich geschieden. Trotzdem stehe ich immer wieder vor meiner Unfähigkeit, zu lieben. Und doch leitet mich dieser Stern, und wenn ich zurückschaue, sehe ich, daß er mein Leben allmählich etwas mehr durchstrahlt.

Da wir nicht aus uns selbst lieben können, müssen wir die Quelle der Liebe finden. Ich habe gesucht und gesucht und gesucht. Schließlich, als ich ganz am Boden lag, nahm ich Jesus beim Wort und betete ein neuntägiges Gebet, genannt Novene.
Du hast doch gesagt: Suchet und ihr werdet finden.
Du hast doch gesagt: Klopfet an und euch wird aufgetan.
Du hast doch gesagt: Bittet und euch wird gegeben.
Hier bin ich, traurig und verzweifelt. Ich suche, ich klopfe an, ich bitte dich: Zeig mir den Weg.
Das Gebet an jedem dieser neun Tage endete mit dem großen, dem allergrößten Ja, das je ein Mensch gesprochen hat, dem Ja Marias: „Ich bin die Magd des Herrn, mir geschehe nach deinem Wort."
Maria hat alles riskiert, weil sie glaubte, daß Gott die Liebe ist, daß in ihm alles zum Guten kommt. Leiden folgte auf dem Fuß: Armut, Verfolgung, Flucht nach Ägypten. Als sie den Säugling Jesus im Arm hielt, weissagte ihr der greise Simeon: „Ein Schwert wird deine Seele durchdringen." 33 Jahre später hielt sie den gemarterten Leib ihres toten Sohnes in den Armen. Sie hat das Geheimnis der Erlösung verstanden und mitvollzogen. Wie der Vater, so hat auch sie ihren Sohn geopfert – für uns, für dich und für mich.
Ich brauchte mehr Mut als jemals zuvor in meinem Leben, als ich ihr die Worte nachsprach: „Ich bin die Magd des Herrn, mir geschehe nach deinem Wort", denn damals hatte ich noch Angst vor Gott. Sollte ich nicht lieber selbst für mich sorgen, mein Glück mehren und Leiden vermeiden? Wer weiß, welches Kreuz er mir aufladen würde? Aber ich mußte mir eingestehen: Das Kreuz eines Lebens ohne Jesus Christus hatte mich auf den Boden gedrückt.

Als ich dort saß und anklopfte, wußte ich nicht, ob mich jemand hörte, aber ich wußte auch nicht, wohin ich hätte gehen sollen. Ich habe dir schon erzählt, was geschah: Die Tür zur katholischen Kirche sprang auf, und ich ging hindurch. Dort habe ich die Quelle der Liebe gefunden, Jesus Christus, der mich, wann immer ich zu ihm komme, im Gebet, durch die Sakramente der Eucharistie und der Beichte und durch sein Wort in der Heiligen Schrift beschenkt.

Jesus hält sein Wort:

Ich suche, und er läßt sich finden.

Ich klopfe an, und er öffnet die Tür.

Ich bitte, und er gibt.

Die Zündung kann auf tausendundeine Weise geschehen, an jedem Ort, in jeder Situation, wie gottfern sie auch sein mag. Nur eines ist notwendig: daß du die Tür deines Herzens einen Spalt öffnest, so weit, wie du dich jetzt gerade traust. Wir meinen, wir müßten suchen, aber in Wahrheit steht Jesus bereits vor unserer Tür. Er sagt:

„Ich stehe vor der Tür und klopfe an. Wer meine Stimme hört und die Tür öffnet, bei dem werde ich eintreten, und wir werden Mahl halten, ich mit ihm und er mit mir." (Off 3,20)

Vielleicht ist dein Herz aufgerissen wie das Herz auf dem Umschlag dieses Buches. Du hast eine Mauer darum gebaut, weil du nicht weiter verletzt werden willst. Aber genau dieser Riß ist es, durch den Jesus in dein Herz eintreten will, um ihn zu heilen. Wo immer Jesus hinkommt, heilt er Taube und Lahme und Blinde und Besessene. Du kannst es in den Evangelien nachlesen. Deswegen hat man ihn „Heiland" genannt.

Ich habe über zwanzig Jahre lang Heilung gesucht, in der Hoffnung, daß mir doch endlich jemand das Gefühl geben möge, geliebt zu sein, bei Psychologen und diversen Do-it-yourself-Anbietern. Zwar habe ich Verdrängtes aus der Versenkung geholt und wußte nun besser, wer mir nicht gegeben hat, was ich gebraucht hätte, habe auch vorübergehende Höhenflüge erlebt, aber heil wurde nichts.

Wenn die Zündung geschehen ist, dann fallen einem die Schuppen von den Augen. Vielleicht geschieht das in Medjugorje deswegen so oft, weil der Ort in die Liebe der Muttergottes eingehüllt zu sein scheint. Hier werden wir nicht abgelehnt wegen unserer Sünden, wie sonst im Leben, nein: „Im Himmel wird mehr Freude herrschen über einen Sünder, der umkehrt, als über neunundneunzig Gerechte, die es nicht nötig haben, umzukehren." (Lk 15,7)

Wenn einem die Augen aufgehen und einem die eigenen Sünden bewußt werden, wenn man zum erstenmal fühlt, was man anderen angetan hat – was dann? Wohin damit? Es gibt dort kleine Häuschen, Beichtstühle genannt, das ist die örtliche Müllverbrennungsanlage. Darin sitzt ein Priester, schaut in den Müllsack hinein und erinnert den, der ihn bringt, an seine Freiheit, anders zu handeln. Er nimmt den ganzen Sack entgegen und wirft ihn ins Feuer, nämlich ins liebende, vergebende Herz Jesu, und sagt: „Ich spreche dich los von deinen Sünden." Kannst du dir den Jubel vorstellen, der sich in deiner Seele erhebt, wenn du diesen Sack, vollgestopft mit allem, was sich ein Leben lang angesammelt hat, ins Feuer werfen darfst? (Leider sind hierzulande die meisten dieser Häuschen verwaist. Man könnte meinen, es gebe keinen Müll mehr.)

Nun beginnt ein Prozeß, der nicht aufhören wird bis zum Tod: Das Gewissen erwacht aus dem Tiefschlaf, es zwickt und beißt, wo vorher gar nichts zu spüren war. Durch den Propheten

Jeremia hat Gott uns sagen lassen, wie er das macht: „Ich lege mein Gesetz in sie hinein und schreibe es auf ihr Herz. Ich werde ihr Gott sein und sie werden mein Volk sein." (Jer 31,33) Nun drängt uns das eigene Herz, Gottes Gebote einzuhalten, weil wir in der Freundschaft Gottes leben *wollen.*

In seiner Abschiedsrede, unmittelbar vor der Kreuzigung, sagt Jesus:

„Wenn ihr mich liebt, werdet ihr meine Gebote halten. Und ich werde den Vater bitten, und er wird euch einen anderen Beistand geben, der für immer bei euch bleiben soll. Es ist der Geist der Wahrheit, den die Welt nicht empfangen kann, weil sie ihn nicht sieht und nicht kennt. Ihr aber kennt ihn, weil er bei euch bleibt und in euch sein wird. Ich werde euch nicht als Waisen zurücklassen, sondern ich komme wieder zu euch." (Joh 14,15-18)

Das Wort „katholisch" hören die meisten, als hätte man gesagt „Du darfst nicht!" Weit gefehlt! Wer mit Jesus im Bunde ist, wer Jesus liebt, *will* die Gebote halten. Weißt du, was dann geschieht? Nach und nach fällt die ganze Last des Leidens von dir ab, das durch die Sünde aufgehäuft wurde. Du wirst immer mehr aus deinen eigenen Sünden befreit und wirst allmählich auch frei von den Folgen der Sünden anderer – durch Verzeihen. Du dachtest immer, dies wäre eine gute Tat für andere. Ja, das ist es, aber vor allem ist es ein Befreiungsakt für dich selbst. So geschieht Heilung.

Es hat nach der Zündung bei mir noch ein paar Jahre gedauert, bis ich feststellte: Ach sieh, du gehst ohne Schmerz durch deine Tage, sieh, du hast gute neue Freunde, sieh, die Liebe wächst, sieh, du hast die Angst vor Gott verloren, sieh, wie gut er ist, sieh, wie er dich führt ...

Glaubst du, irgendein Mensch wäre für Christus in den Tod gegangen, wenn er nicht die Erfahrung seiner Liebe gemacht und nicht die innere Gewißheit gehabt hätte, daß das ewige Le-ben, die ewige Freude, die ewige Liebeseinheit mit Gott und allen Erlösten im nächsten Augenblick beginnen würde, wenn er ihm seine Verheißungen nicht geglaubt hätte? Man lese *Zeugen für Christus – Das deutsche Martyrologium des 20. Jahrhunderts,* hrsg. von Helmut Moll.

Der Geist der Wahrheit ist uns verheißen. Brauchen wir etwas nötiger in einer Gesellschaft, die uns mit aller Macht in die Sünde treibt? Bedenke, in welcher Zeit du lebst: Staat, Medien und Erziehungssystem verkaufen dir die Sünde im Geschenkpapier der Freiheit. „Friß!" sagen sie, „und stirb!" (sagen sie nicht).

Es ist wunderbar, allmählich in die Freiheit der Kinder Gottes hineinzuwachsen, die sich nur dann einstellt, wenn wir seine Gebote halten. Von außen sehen sie aus, als würden sie uns einschränken und belasten. In Wahrheit schenkt ihre Wahrung Leichtigkeit, Fröhlichkeit und Freiheit.

In den kommenden Turbulenzen kannst du eines sicherlich nicht gebrauchen: Beziehungsstreß, Vertrauensbruch, Untreue, Eifersucht, Trennung – der nächste bitte – und wieder Trennung, und alles, was ein solches Leben an herzzerreißendem Schmerz, Depression, Angst, Entwürdigung, Sucht und Krankheit mit sich bringt. Was du brauchst, ist ein Lebenspartner, der ganz und ohne jeden Vorbehalt ja zu dir sagt, mit dem du durch dick und dünn gehen kannst, denn es stehen dicke und dünne Zeiten vor der Tür; einen Mann oder eine Frau, mit dem oder mit der du gemeinsam lernst, zu lieben, indem ihr Gott zum Mittelpunkt eurer Ehe macht.

Wenn du das willst, dann mußt du dich darauf vorbereiten, damit ein anderer, der diese Sehnsucht in sich trägt, dich als ebenbürtigen Partner erkennt und wählt. Wo immer du jetzt ste-hen magst: Wenn du dies zu deinem Ziel machst, hast du den Himmel auf deiner Seite. Es kann, falls du dich dazu entschließt und bisher anders gelebt hast, einige Jahre dauern, bis du die Folgen des alten Lebensstils in dir überwunden hast, bis die Verletzungen und Enttäuschungen geheilt sind, bis du dich selbst mit Gottes Hilfe in Besitz nimmst, um dich dann einem Mann oder einer Frau fürs ganze Leben zu schenken. Laß dir bezeugen: Gott wird die Reinheit und das Bewußtsein der Jungfräulichkeit in dir wiederherstellen.

Wenn du selbst bereit bist, dich einem anderen zu schenken, und gelassen durch die Welt gehst, um den Mann oder die Frau zu finden, der oder die dieses Geschenkes würdig ist, dann weißt du, daß du einen kostbaren Schatz in dir trägst. Du kennst deinen eigenen Wert und deine eigene Würde. Wie könntest du sie verschleudern für eine flüchtige, halbherzige, notdürftige Beziehung? Das sage ich zu dir als Mann ebenso wie zu dir als Frau. Du wirst so zum Magnet, der andere Menschen anzieht, denn du hast etwas in dir, was alle Menschen suchen: Du kennst deinen eigenen Wert. Deine Energie ist frei, die Fülle des Lebens zu ergreifen.

Wenn du Reinheit, Keuschheit und Jungfräulichkeit vor der Ehe lebst, bist du ein Außenseiter. Du kannst nicht angeben mit der Zahl der Frauen, die sich mit dir eingelassen haben, du kannst nicht vorweisen, daß die Männer auf dich fliegen. Vielleicht mußt du jetzt vorübergehend Spott ertragen. Sei sicher, heimlich wirst du bewundert. Es geht dir gut, du läufst auf hohen Touren, du hast eine Menge Freunde und vielfältige

Interessen. Wenn immer mehr Menschen in Not kommen, wird sich die politische Landschaft radikalisieren. Es wird aber auch eine Chance sein, daß sich die Menschen dorthin wenden, wo allein Hilfe zu finden ist: zu Gott. Bereite dich darauf vor, mit deinen besonderen Gaben und Fähigkeiten die Kultur des Lebens mit aufzubauen. Überlege klug, welche Fähigkeiten und Kenntnisse dafür nötig sein werden, und qualifiziere dich mit aller Intensität!

Es kann geschehen, daß nicht ein Mensch, sondern Gott dir gegenübertritt als jener, der das Geschenk deiner selbst annehmen will, um dich schon in diesem Leben in die besondere Liebeseinheit mit sich zu berufen. Wenn das geschieht, will er dich ganz für sich, aus freier Entscheidung und für immer, um ein besonderes Werk mit dir zu vollbringen. Wenn dies deine Bestimmung ist, so wird über deinem Weg als Ordensmitglied oder Priester derselbe Stern leuchten: *Lerne lieben!*

Ob du zur Ehe oder zum zölibatären, geweihten Leben berufen bist, du wirst deine Berufung in dem Maß erfüllen, in dem du zum Mann und zum Vater wirst und indem du zur Frau und zur Mutter wirst. Es ist ein geistiger Prozeß, der nicht davon abhängt, ob du leibliche Kinder hast. Deswegen nennen wir den Priester Pater und die Ordensoberin Mutter. Es ist ein Prozeß der Inbesitznahme der eigenen Person, der sich in der Vater- und Mutterschaft von der Zentrierung auf das eigene Ich hin zur existentiellen Haltung des Gebens an die nächste Generation weitet.

Der Wesenskern des Mannes ist Initiative und schöpferisches Schaffen. Der Wesenskern der Frau ist Empfänglichkeit. Maria war so empfänglich für den schöpferischen Geist Gottes, daß er in ihr den Sohn Gottes zeugen konnte, der ihr Fleisch annahm.

Ihr Leib wurde zum Tempel des göttlichen Wortes. Wir können dieses Geheimnis der Menschwerdung Gottes bis zum Ende unserer Tage im Herzen tragen und werden es nicht ergründen, aber wir werden erfüllt sein von seiner Wirklichkeit. Maria, die ganz Reine, die ganz Sündenlose, lebt uns allen, Männern und Frauen, die einzig angemessene Haltung gegenüber Gott vor: die Empfänglichkeit für sein Liebeswerben, für seine Liebestat am Kreuz und die Antwort der vollkommenen Hingabe. Durch diese Empfänglichkeit wird sie Mutter und als Mutter Jesu wird sie, erhoben über alle Engel und Menschen, zur Königin des Himmels.

Es ist keine kleine, es ist keine minderwertige Berufung, Mutter zu sein: einem Menschen das Leben zu schenken und sich die Sorge für das Gedeihen dieses Menschen zur ersten und obersten Aufgabe zu machen. Warum sollte es wichtiger und würdiger sein, eine Symphonie zu komponieren, als einem Kind das Leben zu schenken, das vielleicht ein Mozart wird? Warum ist es erstrebenswerter, selbst groß zu sein, als einen anderen groß zu machen? Bedenke: Maria war „nur" Mutter und wurde zur Königin des Himmels! Ist nicht jeder glücklich zu schätzen, der eine gute Mutter hat, und hätte nicht jeder gerne eine gute Mutter? Was wird wichtig sein am Ende des Lebens, die Erfolge des Berufslebens oder die Liebe der Kinder und Enkelkinder? Wohlgemerkt: Ich spreche nicht über entweder/ oder, ich spreche über Prioritäten.

Lassen wir nicht weiter zu, daß die Familie zwischen den Mühlsteinen einer Wirtschaftswelt zerrieben wird, die nichts anderes kennt als Profitmaximierung. Schaffen wir eine Gesellschaft, in der die Familie die Bedeutung hat, die ihr *Die Allgemeine Erklärung der Menschenrechte* der UNO zuspricht:

„Die Familie ist die natürliche Keimzelle der Gesellschaft und hat Anrecht auf Schutz durch Gesellschaft und Staat." An dieser Säule der Kultur wird gerüttelt und gesägt. Wenn jene Kräfte Erfolg haben, die nicht einmal mehr an falsche Götter glauben, sondern nur noch an sich selbst, dann wird diese Kultur über uns und ihnen zusammenbrechen.

Noch ein Wort an die Männer: Ihr habt uns in den vergangenen Jahrtausenden oft nicht als gleichwertig geachtet. Ihr habt uns vielfach unterdrückt, entrechtet und als Lustobjekt entwürdigt. Kriege, die ihr führt, macht ihr zu einem Krieg gegen die Frau, indem ihr Frauen vergewaltigt.

Das war der Nährboden für die radikalen Feministinnen, die den Männern den Krieg erklärt haben und nun – global – an jener Säule sägen, die Familie heißt und die allein den Frieden zwischen Männern und Frauen und zwischen den Generationen schenken kann.

Willst du als Mann deine Frau ehren und achten, ihr die Treue halten, sie nicht als Lustobjekt entwürdigen, sie und die Kinder beschützen? Willst du auf ihre Stimme hören, wenn sie selbstlos aus ihrem Herzen spricht und dich mahnt, das rechte Maß zu wahren und deine Kraft in den Dienst des Lebens zu stellen? Willst du sie als ebenbürtige Partnerin akzeptieren, mit der du *lernst zu lieben*?

Wir Frauen haben gegen die Tyrannei der Männer und die Entwertung der Frauen gewütet, haben den Dienst aufgekündigt als Frau und als Mutter. Es scheint, als hättet ihr darüber die Sicherheit verloren, was es eigentlich heißt, Mann zu sein. Besinne dich auf deine Männlichkeit! Kleine Jungen wollen noch Helden sein. Du auch? Einen Mann kennzeichnet Initiative, Wagemut, in unbekanntes Territorium aufzubrechen, die

Bereitschaft, für das Gute zu kämpfen, Entscheidungsmacht und Führungskraft. Nicht, um zu unterdrücken, nicht um seine Selbstherrlichkeit zu mehren, sondern um die Welt zu einem Ort zu machen, an dem das Leben gedeihen kann.
Du wirst, wenn du so ein Mann (geworden) bist, Vater werden wollen: Dein Same soll in deiner Frau fruchtbar werden und ein neues Menschenleben zeugen. Du willst Verantwortung übernehmen aus innerstem Herzen für dein Kind, willst es an der Hand nehmen und ihm die Wege der Welt zeigen. Du wirst Grenzen aufrichten und schützen, durch die nichts Feindliches in die Familie eindringen kann und die von den Kindern nicht überschritten werden dürfen. Deine Kinder brauchen dich. Wenn sie ohne dich aufwachsen, haben sie, wie die Statistik zeigt, große Chancen, gewalttätig, süchtig oder kriminell zu werden.
Ihr jungen Männer, ihr jungen Frauen, wollt ihr nicht Frieden schließen? Ist es nicht an der Zeit, auf dem Fundament der Ebenbürtigkeit reich zu werden durch die Verschiedenheit des anderen? „Einer ordne sich dem anderen unter in der gegenseitigen Ehrfurcht vor Christus." (Eph 5,33) Das ist das Ende des Machtkampfes und der konkrete Vollzug der Liebe.

Wir wissen: Es kommen Turbulenzen. Was wir nicht wissen, ist, wie Gott handeln wird. Die Bibel offenbart uns, daß Gott ein liebender Vater ist, der um uns Menschen wirbt wie um eine Braut. Die Bibel beginnt mit der Ehe von Mann und Frau, und sie endet mit der himmlischen Hochzeit von Gott und Mensch. Gott, der die Liebe ist, kann nur Hochzeit halten mit einer reinen Braut, die gelernt hat, zu lieben. Er wird Mensch und stirbt am Kreuz, um uns in seinem Blut rein zu waschen und

„Menschen für Gott zu erwerben aus allen Stämmen und Sprachen, aus allen Nationen und Völkern". (Off 5,9) Jesus Christus bleibt gegenwärtig in der Eucharistie bis zum Ende der Welt. Ein Gott, der das alles tut, läßt uns nicht fallen. Er wird uns überraschen wie ein Dieb in der Nacht. *Er wird siegen.*
Auf menschliche Sicherheiten wie Geld, Sozialstaat, eigene Leistung können wir nicht bauen. Wir brauchen ein Navigationssystem, das uns den Weg weist: hier rechts, hier links, wie es Satelliten in modernen Autos tun. Das Navigationssystem, das uns durch dieses Leben zum ewigen Leben leitet – komme, was will – funktioniert mit einer besonderen Art von Funk, und die heißt Gebet. Oben leuchtet der Stern: *Lerne lieben*, und im Gebet erfahren wir, wie das in der konkreten Situation geschehen soll. Ja, noch mehr: Durch das Gebet bekommen wir die Kraft, das, was wir als richtig erkannt haben, zu tun.

Wir sind am Ende unserer Reise. Ich bitte dich nun, die Fragen erneut zu beantworten, die ich dir am Anfang des Buches gestellt habe. Nimm dein Logbuch und schreibe deine Antworten auf:

Welchen Sinn hat mein Leben?

Wie möchte ich Partnerschaft und Familie leben
in einem Jahr?
in ... Jahren?
am Ende meines Lebens?

Was will ich in meinem Leben ändern?
Was ist mein erster Schritt?

Ich verspreche dir, ich werde für dich und für alle Leser dieses Buches täglich beten:

Gott Vater im Himmel, Herr Jesus Christus, Heiliger Geist,
erleuchte unser Herz und unseren Verstand
mit dem Geist der Wahrheit,
daß wir das Gute vom Bösen unterscheiden können.
Gib uns die Kraft, das Gute zu tun.
Heile unsere Verletzungen durch die Erfahrung deiner Liebe.
Bewahre uns vor den Angriffen des Bösen und mache uns
zu einem Werkzeug deiner Liebe und deines Friedens.
Mutter Maria, bitte für uns.
Amen.

Falls dieses Buch für dich hilfreich ist, dann bete auch du dieses Gebet für dich, für mich und für alle Leser dieses Buches.

Gott segne dich!

Wenn Du die Botschaft dieses Buches verbreiten willst,
dann schreibe mir:

Gabriele Kuby
Gänsbach 24
D-83253 Rimsting

oder mit e-mail:

gabriele-kuby@t-online.de

Anmerkungen

[1] www.wissenschaft.de/wissen/hintergrund/173115.html

[2] Manfred Spieker, Gescheiterte Reformen, Zur Problematik des Lebensschutzes in Deutschland, Köln 2004.

[3] Georg Paul Hefty, Die Subventionierung der Abtreibungen, FAZ vom 5. 1. 2004, S.8.

[4] Clemens Christmann, Familien – Lastesel der Kinderlosen, Vortrag auf der Fachtagung „Lebensrecht für die Familie" am 3. 5. 2003.

[5] Evangelische Marienschwesternschaft, Tausend Jahre wie ein Tag, Darmstadt 2003.

[6] Wilhelm Reich, Die Entdeckung des Orgons, Funktion des Orgasmus, New York 1940.

[7] Simone de Beauvoir, Das andere Geschlecht, Reinbek, 1968, S. 265.

[8] Karl Simpfendörfer, Verlust der Liebe, Stein am Rhein 1990. S. 19.

[9] Simone de Beauvoir, In den besten Jahren, Reinbek 1969, S. 223.

[10] Simpfendörfer, S. 48.

[11] J. D. Unwin, Sex and Culture, Oxford 1934

[12] Sigmund Freud, Vorträge zur Einführung in die Psychoanalyse, zitiert nach: Christopher West, Theology of the Body for Beginners, West Chester, 2004, S. 97.

[13] Übersetzungen aller Zitate von J. D. Unwin von Gabriele Kuby

[14] Edward Gibbon, Verfall und Untergang des Römischen Reiches, Nördlingen 1987, S. 236.

[15] Judith Wallerstein u.a., The Unexpected Legacy of Divorce. A 25 Year Landmark Study. 2001.

16 Edward S. Williams, The Great Divorce Controversy, 2001. Enthält eine Übersicht über Untersuchungen von Scheidungsfolgen.

17 Dave Gossmann, Stop Teaching our Kids to Kill, Crown Publishers 1999.

18 Josef und Elisabeth Rötzer, Natürliche Empfängnisregelung, Freiburg 2004.

19 Erhebliche und langjährige psychische Störungen nach einer Abtreibung sind weit verbreitet. Die Medizin spricht vom Post-Abortion-Syndrom (P.A.S.). Davon ist in der öffentlichen Diskussion kaum die Rede.

20 www.aerzte-fuer-das-leben.de

21 Donum Vitae macht Schwangerschaftskonfliktberatung mit Scheinvergabe. Dieser Schein ist die Voraussetzung für die Durchführung einer Abtreibung. Der Verein wurde von katholischen Kreisen gegründet, nachdem die Bischöfe auf Drängen des Papstes die Scheinvergabe in kirchlichen Beratungsstellen eingestellt hatten.

22 http://www.medien-tenor.de/beitrag/MT143/43_3031.pdf

23 Eine Einführung in die Theologie des Leibes von Christopher West Kisslegg, 2005

24 Die folgenden Gedanken verdanke ich Christopher West, Theology of the Body for Beginners, West Chester 2004.

25 Siehe Anmerkung 18.

26 West, S.9-10.

27 www.schweizerzeit.ch und Konrad Adam, Die Richter von Straßburg; Die Welt, 27. 10. 2004.

28 Lev 18,22; Lev 20,13; Röm 1,24-28; 1 Kor 6,9-10; 1 Tim 1,8-10.

29 Dies ist das Ergebnis einer Studie von Robert Spitzer, bekannter Psychiater und Aktivist der Homolobby, der eine entscheidende Rolle dabei gespielt hat, daß Homosexualität 1973 aus dem Diagnosehandbuch der Amerikanischen Psychiatrischen Gesellschaft (APA) gestrichen wurde. Robert L. Spitzer, Can Some

Gay Men and Lesbians Change Their Sexual Orientation? 200 Participant Reporting a Change from Homosexual to Heterosexual Orientation. In: Archives of Sexual Behavior, Vol. 32, No. 5, October 2003, pp. 403-417.

30 Martin Dannecker, Sexualwissenschaftliches Gutachten zur Homosexualität, in: Die Rechtsstellung gleichgeschlechtlicher Lebensgemeinschaften, hrsg. von Jürgen Basedow et al, Tübingen 2000, S. 339.

31 Deutsches Institut für Jugend und Gesundheit, Postfach 1220, D-64382 Reichelsheim, Tel: 06164/9308-211, Fax: 06164/9308-30, e-mail: institute@ojc.de, homepage: www.dijg.de.

32 Wer sich über die Winkelzüge dieser Strategie informieren will, der lese das höchst aufschlußreiche Buch von Johann Braun, Ehe und Familie am Scheideweg, Regensburg 2002.

33 Stanley Kurtz: Beyond Gay Marriage, The Road to Polyamory, in: The weekly Standard August 2003. Deutsch in: Kirche heute, September 2004.

34 Der Gesetzgeber sorgt durch die Herabsetzung des Schutzalters von Jugendlichen vor sexuellen Übergriffen Erwachsener für die Beseitigung von Hindernissen: Das Schutzalter wurde in vielen westlichen Ländern kontinuierlich gesenkt. In Deutschland von 21 Jahren im Jahr 1969 auf 18 Jahre im Jahr 1973 und auf 14 Jahre im Jahr 1993. In Holland auf 12 Jahre.

35 Glenn Wyler, Mein Weg heraus aus der Homosexualität, in: Deutsches Institut für Jugend und Gesellschaft, Bulletin Nr. 7, Frühjahr 2004.

36 Volker Beck, Das Straftrecht ändern? In: A. Leopardi, Der pädosexuelle Komplex, Berlin 1988, S. 268.

37 Denis Prager, Judaism's Sexual Revolution: Why Judaism (and then Christianity) Rejected Homosexuality, in: Crisis 11, No. 8, September 1993.

38 Jonathan Sacks, Radical then, Radical now, Great Britain 2001, S. 33. (Übersetzung Gabriele Kuby)

Anhang

Ergebnisse neuerer wissenschaftlicher Studien zur Homosexualität

Körperliche Erkrankungen

Eine Studie der Universität Zürich (1999) kommt zu dem Ergebnis: „Auf Grund der aktuellen Daten kann vermutet werden, daß sich jeder vierte Mann mit homosexuellem Kontakt im Laufe seines Lebens mit AIDS infiziert."

Zürich Men's Study. Hrsg.: Institut für Sozial- und Präventivmedizin an der Unversität Zürich, Juni 1999.

Homosexuell lebende Männer sind nach wie vor mit Abstand die höchste Risikogruppe für AIDS. Das Robert-Koch-Institut in Berlin teilt mit, daß im Zeitraum zwischen dem 1. Juli 2003 und dem 30. Juni 2004 72,0 Prozent der Neuerkrankungen mit AIDS homosexuell oder bisexuell sich verhaltende Männer sind, während nur 2,5 Prozent der Neuerkrankungen heterosexuell lebende Männer betreffen.

Epidemologisches Bulletin, Sonderausgabe B, 25. 8. 2004, hrsg. vom Robert-Koch-Institut Berlin.

Eine Langzeitstudie aus den Jahren 1976–1994 ergibt: Die teilweise tödlich verlaufende Krankheit Hepatitis B kommt unter homosexuell sich verhaltenden Männern etwa fünfmal häufiger vor als unter ausschließlich heterosexuellen.

American Journal of Public Health 1999, 89 (1), S. 14–18.

Seelische Erkrankungen

Eine neuseeländische, repräsentative Langzeitstudie mit über 1000 Jugendlichen im Alter von 14–21 Jahren kommt zu dem Ergebnis, daß homosexuell orientierte Jugendliche deutlich häufiger an schweren Depressionen, Angstneurosen, Süchten aller Art litten und häufiger Selbstmordversuche machen als heterosexuell orientierte Jugendliche.

Journal of Epidemiology, Vol 26, No. 3, 1997, S. 657–661.

Eine Studie von männlichen Zwillingen, von denen einer homosexuell und der andere heterosexuell lebt, kommt zu einem ähnlichen Ergebnis.

Herrel, R.: Sexual orientation and suicidality Arch. Gen. Psychiatry, Vol 56, Oct. 1999, S. 867–874.

Der durch seine Forschungen über Homosexualität international bekannt gewordene Wissenschaftler Michael Bailey sagt zu diesen beiden Untersuchungen: „Diese Studien enthalten wohl die besten bisher veröffentlichten Daten über den Zusammenhang zwischen Homosexualität und psychischen Erkrankungen und beide kommen zu demselben unschönen Schluß: Homosexuell Lebende haben ein substantiell höheres Risiko, an bestimmten emotionalen Problemen, unter anderem Selbstmordneigung, schwere Depression und Angstneurosen zu erkranken. Bailey warnt davor, für diese emotionalen Probleme einfach eine negative Einstellung der Gesellschaft gegenüber Homosexualität verantwortlich zu machen.

Bailey, J. M.: Homosexuality and mental illness, Arch. Gen. Psychiatry, Vol 56, Oct. 1999, S. 883–884.

Eine niederländische Studie mit 7000 Teilnehmern bestätigt das Ergebnis. Bei homosexuell lebenden Männern treten besonders häufig Angstneurosen auf, bei homosexuell lebenden Frauen verschiedenen Formen der Medikamentensucht und Alkoholabhängigkeit.

Sandfort, T., et al: Same-Sex sexual behavior and psychiatric disorders, Arch. Gen. Psychiatry 58, 2001, S. 85–91.

In einer Studie des niedersächsischen Ministerium für Frauen, Arbeit und Soziales (2001) heißt es: „Die Belastung mit Depressionen ist in der Untersuchungsgruppe schwuler Jugendlicher demnach drastisch erhöht."

www.niedersachsen.de/MS_jungeschwule.htm

Promiskuität

Eine australische Studie von 2583 älteren, homosexuell lebenden Männern ergab, daß sie durchschnittlich 251 Sexualpartner hatten.

Van de Ven, P. et al: A comparative demographic and sexual profile of older homosexually active men, Journal of Sex Research Vol 34, No. 4, 1997, S. 349–360.

Der Baseler Professor für Klinische Psychologie, Udo Rauchfleisch, ein Befürworter der Homobewegung, bezeichnet es als ein Charakteristikum homosexueller Beziehungen, neben der festen Beziehung gleichzeitig zahlreiche flüchtige, unverbindliche, meist anonyme sexuelle Beziehungen zu haben.

Rauchfleisch, Udo, Die Stille und die schrille Szene, Freiburg, Wien 1995, S. 57.

Der Sexualwissenschaftler Professor Martin Dannecker schreibt in einem Gutachten für die Bundesregierung: „Es gibt also einerseits das flüchtige, gleichzeitig relativ zufällige Sexualobjekt, das vor allem dazu geeignet sein muß, rasche sexuelle Befriedigung zu vermitteln ... Andererseits gibt es das hochspezifische Objekt 'fester Freund'."

Martin Dannecker, Sexualwissenschaftliches Gutachten zur Homosexualität, in: Jürgen Basedow et al (Hrsg.), Die Rechtstellung gleichgeschlechtlicher Lebensgemeinschaften, Tübingen 2000.

Zwei nordamerikanische Wissenschaftler, die beide als homosexuelles Paar leben, wollten nachweisen, daß auch homosexuelle Männer in dauerhaften Partnerschaften leben können. Unter den 156 untersuchten Paaren waren nur 7 einander treu geblieben, und unter den 7 Paaren war kein einziges, das schon länger als 5 Jahre miteinander gelebt hätte. Ergebnis der Forscher: „Die Erwartung, daß Sex außerhalb der festen Beziehung vorkommt, war die Regel bei homosexuellen Paaren und die Ausnahme bei heterosexuellen Paaren."

Mc Whirter, D., Mattison, A., The male couple: how relationships develop, Engelwood Cliffs, NJ, 1984.

Lebenserwartung

Eine kanadische Studie von 1997 gibt die Lebenserwartung für homosexuell und bisexuell lebende Männer mit acht bis zwanzig Jahren niedriger an als für alle Männer zusammen.

Fergusson, D. M., Is sexual orientation related to mental health problems and suicidality in young people? Arch. Gen. Psychiatry, Vol 56, Oct. 1999, S. 876–880.

Sexuelle Initiation

Eine deutsche Studie (2001) zeigt, daß der Jugendliche in der Regel von einem deutlich älteren, erwachsenen Partner in die Homosexualität eingeführt wird. Bei Heterosexualität sind die Partner meist gleich jung und unerfahren.

Niedersächsisches Ministerium für Frauen, Arbeit und Soziales (Hrsg.), Schwule Jugendliche, Ergebnisse zur Lebenssituation, sozialen und sexuellen Identität, Hannover 2001.

Homosexualität und sexueller Mißbrauch

Von Schülern und Schülerinnen (9.–12. Klasse), die sich selbst als schwul oder lesbisch bezeichnen, haben 32,5 Prozent sexuellen Mißbrauch oder sexuelle Belästigung erlebt. Von denen, sie sich nicht als schwul oder lesbisch bezeichnen nur 9,1 Prozent.

Garofalo, R. et al.: The association between health risk behaviors and sexual orientation among a schoolbased sample of adolescents, Pediatrics, Vol 101, No 5, 1998, S. 895–903.

Partnergewalt

Die Forschung weist auf eine hohe Rate an Partnergewalt in männlichen und weiblichen homosexuellen Beziehungen hin: Bei einer Befragung von 1 099 homosexuell lebenden Frauen gab etwas mehr als die Hälfte von ihnen an, schon von einer Geliebten/Partnerin mißhandelt worden zu sein.

Lie, Yong et al, Intimate violence in lesbian relationships, Journal of Social Service Research, 15, 1991, S.46.

Anteil der Homosexuellen an der Bevölkerung

Repräsentative Studien zeigen, daß sich unter der erwachsenen Bevölkerung 2,8 Prozent der Männer und 1,4 Prozent der Frauen als homosexuell bezeichnen.

Robert T. Michael, John H. Gagnon, Edward O. Lauman, Gina Kolata, Sex in America. A definite survey, New York 1994.

Eine Emnid-Umfrage in Deutschland kommt zu noch niedrigeren Prozentsätzen: 1,3 Prozent der Männer und 0,6 Prozent der Frauen.

Eurogay-Emnid Studie 2001.